A força das palavras

dizer e argumentar

COLEÇÃO **LINGUAGEM & ENSINO**

Análise e produção de textos Leonor W. Santos, Rosa C. Riche e Claudia S. Teixeira
A força das palavras Ana Lúcia Tinoco Cabral
A frase na boca do povo Hudinilson Urbano
A leitura dos quadrinhos Paulo Ramos
Leitura do texto literário Ernani Terra
Leitura e persuasão Luiz Antonio Ferreira
O texto publicitário na sala de aula Nelly Carvalho
Os sentidos do texto Mônica Magalhães Cavalcante
Preconceito e intolerância na linguagem Marli Quadros Leite
Texto, discurso e ensino Elisa Guimarães
Verbo e práticas discursivas Maria Valíria Vargas

Conselho Acadêmico
Ataliba Teixeira de Castilho
Carlos Eduardo Lins da Silva
Carlos Fico
Jaime Cordeiro
José Luiz Fiorin
Tania Regina de Luca

Proibida a reprodução total ou parcial em qualquer mídia
sem a autorização escrita da editora.
Os infratores estão sujeitos às penas da lei.

A Editora não é responsável pelo conteúdo deste livro.
A Autora conhece os fatos narrados, pelos quais é responsável,
assim como se responsabiliza pelos juízos emitidos.

Consulte nosso catálogo completo e últimos lançamentos em **www.editoracontexto.com.br**.

A força das palavras

dizer e argumentar

Ana Lúcia Tinoco Cabral

COLEÇÃO LINGUAGEM & ENSINO

Coordenação de Vanda Maria Elias

Copyright © 2010 da Autora

Todos os direitos desta edição reservados à
Editora Contexto (Editora Pinsky Ltda.)

Montagem de capa e diagramação
Gustavo S. Vilas Boas

Preparação de textos
Lilian Aquino

Revisão
Flávia Portellada

Dados Internacionais de Catalogação na Publicação (CIP)
(Câmara Brasileira do Livro, SP, Brasil)

Cabral, Ana Lúcia Tinoco
A força das palavras : dizer e argumentar / Ana Lúcia Tinoco
Cabral. – 1. ed., 2ª reimpressão. – São Paulo : Contexto, 2023.

Bibliografia.
ISBN 978-85-7244-456-9

1. Língua e linguagem – Filosofia 2. Linguística I. Título

09-12213 CDD-401

Índice para catálogo sistemático:
1. Língua e linguagem : Argumentação : Linguística 401

2023

EDITORA CONTEXTO
Diretor editorial: *Jaime Pinsky*

Rua Dr. José Elias, 520 – Alto da Lapa
05083-030 – São Paulo – SP
PABX: (11) 3832 5838
contato@editoracontexto.com.br
www.editoracontexto.com.br

Significar, para um enunciado, é orientar. De sorte que a língua, na medida em que contribui em primeiro lugar para determinar o sentido dos enunciados, é um dos lugares privilegiados em que se elabora a argumentação.
Anscombre e Ducrot (1997, prólogo)

A meu pai, que me ensinou o sentido da palavra humildade;
A minha mãe, que me ensinou o sentido da palavra coragem;
A meus filhos, que me mostraram o sentido da palavra alegria.

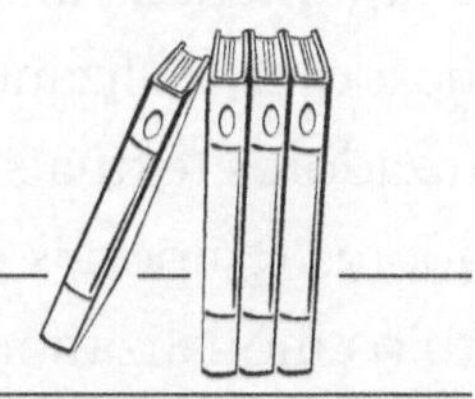

Sumário

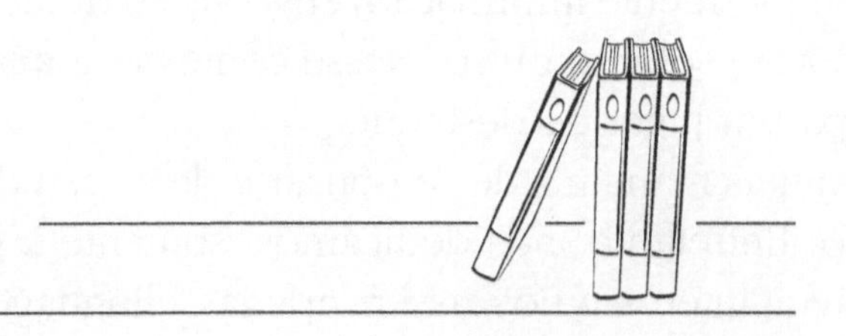

Introdução

Aprendemos desde cedo que a linguagem verbal serve para comunicar e frequentemente dizemos que o importante é a comunicação. Quando se fala em comunicação, muitas vezes, pensamos que se está falando na transmissão de informações. Comunicar não se limita, entretanto, a transmitir informações. Realmente, há momentos em que desejamos apenas fornecer uma informação, mas, muito frequentemente, temos outros objetivos, como dar uma ordem, expressar um sentimento, fazer um pedido, exercer algum tipo de influência, fazer o outro mudar de opinião, convencer enfim.

O ser humano vive em sociedade, isto é, fazemos parte de grupos sociais e agimos em conjunto com nossos semelhantes; interagimos. Na verdade, é para interagir que nos comunicamos, que falamos e escrevemos. Por isso, não podemos nos esquecer de que a comunicação, ou a interação, envolve mais do que simplesmente informação, envolve, sobretudo, alguma forma de ação sobre o outro. Nesse contexto, a **argumentação** ocupa um lugar de destaque.

Há muitas maneiras de se pensar e de se estudar a argumentação. Entretanto, nos dedicamos, somente à persuasão pela palavra, interessa-nos, assim, apenas a linguagem verbal. O nosso ponto de vista, neste livro, é, portanto, o linguístico, isto é, o da argumentação na língua, que nos permite explorar os meios que oferece a língua para a construção de um discurso visando a uma orientação argumentativa, ou **as marcas linguísticas de argumentação**.

O objetivo do livro é fornecer aos nossos leitores, além de uma explanação a respeito dos conceitos que envolvem o tema, exemplos variados e sugestões para a prática do ensino da escrita, observando as possibilidades que a língua oferece para a argumentação e as limitações que ela impõe.

Os conceitos que exploraremos foram propostos pelo estudioso da linguagem de nacionalidade francesa Oswald Ducrot, o pai da semântica argumentativa. Seus estudos se iniciaram nos anos 70 do século XX e de lá para cá vêm defendendo um conceito de argumentação de abordagem puramente linguística.

O conceito de argumentação normalmente nos remete à Retórica e, consequentemente, a uma noção de técnica consciente da organização do discurso. A argumentação linguística, no sentido em que a exploramos nesta obra, embora sirva de instrumento para a argumentação retórica, tem um sentido diverso; o pressuposto básico dos estudos que apresentamos aqui é o de que os encadeamentos argumentativos possíveis estão ligados à estrutura linguística dos enunciados.

Durante a leitura, o leitor poderá conhecer alguns temas referentes à argumentação linguística: no capítulo "A argumentação na língua", apresentamos a Teoria da Argumentação na Língua, e esclarecemos alguns conceitos importantes para a sua compreensão; no capítulo "Pressuposição e argumentação", tratamos do papel dos implícitos na argumentação, especificamente do conceito de pressuposição; no capítulo "Articuladores e organizadores textuais e argumentação", tratamos de articuladores textuais e sua função e argumentação; no capítulo "Um novo ponto de vista sobre a argumentação na língua", apresentamos a Teoria dos Blocos Semânticos, atualmente desenvolvida por Ducrot e Carel; finalmente, no capítulo "Contribuições para a prática de leitura e escrita", apresentamos algumas sugestões e exercícios práticos.

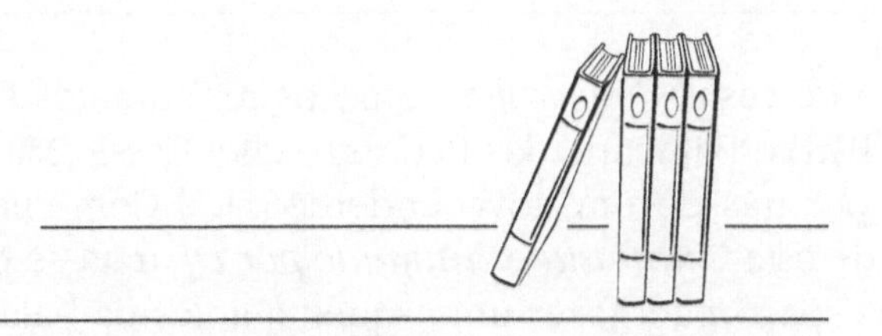

A argumentação na língua

A argumentação é normalmente compreendida como uma técnica consciente de programação e de organização do discurso. Sem dúvida, na interação, desejamos exercer influências sobre nossos interlocutores, desejamos obter sua adesão, convencê-los de nossos pontos de vista, persuadi-los a fazer alguma coisa. Para tanto, buscamos argumentos adequados às nossas teses e organizamos nossos textos, é claro. Não podemos nos esquecer de que, no entanto, toda essa ação depende também de nossas escolhas linguísticas para obter sua eficácia. Um adjetivo, um advérbio para reforçar um argumento, conectores para articular nosso texto, todos esses elementos linguísticos cumprem uma importante função na argumentação, pois eles marcam uma tomada de posição do locutor diante do conteúdo enunciado.

Observemos, por exemplo, o seguinte comentário referente a um bar, publicado na revista *Veja São Paulo*:

> Dono de casas *descoladas* como os restaurantes Di Bistrot, B&B e Balneário das Pedras, o chef Cassio Machado está por trás de um novo endereço. [...] Com clima de sala de estar *intimista* e *animado por DJ*, trata-se de um *bom* espaço para fazer um esquenta antes da balada ou de comemorar aniversário. [...] Dos petiscos, prove os *deliciosos* canapés de mini-hambúrguer [...].
>
> *Veja São Paulo*, 24 jun. 2008, p. 97.

Veja que o mesmo comentário não chamaria a atenção do leitor sem os adjetivos:

> Dono de casas como os restaurantes Di Bistrot, B&B e Balneário das Pedras, o chef Cassio Machado está por trás de um novo endereço. [...] Com clima de sala de estar, trata-se de um espaço para fazer um esquenta antes da balada ou de comemorar aniversário. [...] Dos petiscos, prove os canapés de mini-hambúrguer [...].
>
> *Veja São Paulo*, 24 jun. 2008, p. 97

A língua nos oferece uma infinidade de possibilidades de construção e uma série de limitações de uso também. Esse é o conceito básico que fundamenta a Teoria da Argumentação na Língua, desenvolvida pelos linguistas franceses Jean-Claude Anscombre e Oswald Ducrot, da qual trataremos neste capítulo.

A Teoria da Argumentação na Língua

A argumentação linguística, no sentido em que a estudam Ducrot e seus seguidores, tem um sentido diverso do conceito de argumentação defendido pelos estudos retóricos. Se para os estudiosos da Retórica a argumentação encontra-se especialmente na organização dos discursos e na escolha de argumentos, para a **Teoria da Argumentação na Língua** (ADL) a argumentação encontra-se marcada nas escolhas linguísticas; ela está na língua, embora possa servir de instrumento para a argumentação retórica, como observaremos no desenvolvimento deste livro.

A sigla ADL significa Argumentation Dans la Langue, ou Argumentação na Língua.

Do ponto de vista da ADL, argumentar consiste em apresentar um **enunciado** E1 (ou um conjunto de enunciados) como destinado a fazer admitir um outro (ou um conjunto de outros).

Um **enunciado** corresponde aqui a uma frase em uso. Veja o conceito de enunciado ainda neste capítulo, mais adiante, no item "Enunciação, frase enunciado".

Essa é a regra básica da ADL.

Vejamos como ela funciona em um exemplo:

> Este livro é excelente!

Esse enunciado pode ser apresentado por alguém para fazer seu interlocutor admitir que deve comprar o livro; que deve pegá-lo emprestado; que deve dá-lo de presente a alguém etc.

A tese defendida pelos criadores da Teoria da Argumentação na Língua é de que há, na língua, imposições que regem a apresentação dos enunciados e as conclusões a que eles conduzem. Para esses pesquisadores, os encadeamentos argumentativos possíveis no discurso estão ligados à estrutura linguística dos enunciados e não apenas às informações que eles veiculam; desse ponto de vista, um enunciado pode ser considerado um argumento que visa não apenas a uma conclusão, mas a uma série de conclusões.

Assim, quando comentamos com alguém:

> Este restaurante é muito bom!

Podemos, por meio desse enunciado, fazê-lo admitir, entre tantas outras possibilidades, que, por exemplo:

Devemos ir jantar lá.
Ele deve ir com seu cliente especial.
O restaurante deve ser caro.

A ideia que temos aqui é a de que faz parte do sentido de um enunciado pretender indicar a direção da continuação do diálogo.

A Teoria da Argumentação na Língua desenvolveu-se a partir da análise dos **conectores**, mas também se aplica a outras classes de palavras que exploraremos no desenrolar deste livro.

> Chamamos de **conectores** as palavras que cumprem a função de estabelecer a conexão entre os enunciados; as conjunções e alguns advérbios encaixam-se no grupo dos conectores.

A argumentação é um traço constitutivo de numerosos enunciados, de tal forma que parece ser impossível empregarmos determinados enunciados sem que pretendamos com eles **orientar** nosso interlocutor em direção a certo tipo de conclusão.

Ducrot e seus seguidores interessam-se pela **orientação** que as palavras conferem ao discurso. Seus estudos enfocam especialmente algumas expressões linguísticas cuja utilização discursiva está sujeita a restrições impossíveis de se deduzir de seu valor informativo apenas.

Tomemos o exemplo clássico da teoria, o conector *mas*. O emprego de *mas* tem algumas peculiaridades. A primeira delas é que o *mas* sempre conduz a argumentação para a conclusão a que conduz o segundo segmento enunciado. Assim, quando damos a opinião sobre a compra de um vestido a uma amiga, podemos dizer:

Você ficou linda nesse vestido, mas ele é caro.

No enunciado anterior, o *mas* argumenta em favor de *é caro → não compre*. Podemos, com ele, dar a entender:

Você ficou linda nesse vestido, mas ele é caro. Acho que você não deveria comprá-lo.

Podemos, ao contrário, dizer:

Esse vestido é caro, mas você ficou linda nele.

No enunciado anterior, o *mas* argumenta em favor de *você ficou linda nele → compre*, o que nos permite dar a entender:

 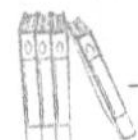

– Esse vestido é caro, você ficou linda nele. Acho que você deveria comprá-lo.

Essa peculiaridade implica uma segunda: há certas restrições impostas pela língua para o uso de *mas*, isto é, depois de *mas* não podemos dizer qualquer coisa, ou corremos o risco de tornar nosso discurso gramaticalmente incoerente. Não podemos dizer, por exemplo:

(*) Você ficou linda nesse vestido, mas ele é caro. Acho que você deveria comprá-lo.

Na realidade, a pessoa que ouvisse esse enunciado não o compreenderia, percebendo que há algo de incoerente nele. É o emprego do *mas* que traz essa restrição para a construção do discurso, ou melhor, essa restrição é imposta pela própria língua. Por isso é que a teoria tem o nome de Teoria da Argumentação na Língua.

Como podemos notar, com respeito a *mas*, temos um ponto de vista bastante diverso daquele que aprendemos na escola quando estudamos a gramática normativa. Os estudos gramaticais costumam atribuir ao conector *mas* a função de apontar a oposição entre as unidades que une. Ducrot (1981) mostrou que a oposição não se encontra entre as unidades em si, isto é, não são os conteúdos das duas orações ligadas por *mas* que se opõem, mas a conclusão para a qual cada um deles conduz.

Tomemos como exemplo o enunciado:

Aquele hotel é muito bom, mas muito caro.

Devemos considerar que não há oposição entre a qualidade e o preço do hotel; ambos constituem atributos do hotel. A oposição encontra-se na conclusão a que cada um desses atributos conduz:

Hotel muito bom → devemos nos hospedar nele.
Hotel muito caro → não devemos nos hospedar nele.

Segundo a Teoria da Argumentação na Língua, o *mas* marca a oposição entre duas conclusões possíveis – *hospedar-se no hotel* e *não hospedar-se no hotel* – e argumenta a favor daquela que, na construção do período, encontra-se à direita de *mas*.

Vejamos agora como funciona o *mas* em um texto, como nesta piadinha:

"A professora perguntou para Nino:
– Você tem sete bombons. Como é que você faz para dividir com a sua irmãzinha?
E o Nino responde:
– Dou quatro para mim e três para ela.
– O que é isso Nino? Você ainda não sabe dividir?
– Eu sei. *Mas* minha irmã não sabe..."

Quando a professora pergunta ao Nino se ele não sabe dividir, a resposta positiva do aluno, *Eu sei* conduz à conclusão de que ele não poderia então fazer a divisão como diz fazer.

A complementação da resposta *Mas minha irmã não sabe* conduz à conclusão de que isso o autoriza a fazer a divisão errada, mesmo sabendo fazer a correta. Essa autorização está baseada numa informação que não está dita no texto, mas que podemos inferir a partir do que está expresso (*mas minha irmã não sabe*). Essa informação corresponde ao fato de que a irmã não notará o erro proposital do irmão que a engana na divisão, uma vez que ela não sabe fazer divisão.

Em suma, o enunciado *Mas minha irmã não sabe* argumenta a favor da divisão errada e justifica-a. Aliás, é nessa resposta que se encontra a graça da piada.

O texto a seguir traz mais um exemplo:

SEM DINHEIRO,
ZOO ETÍOPE MATA SEUS LEÕES RAROS

Da redação

O zoológico de Adis Abeba, capital da Etiópia, adotou uma solução radical para seu problema de falta de espaço e de dinheiro para manter seu estoque de raros leões-da-abissínia: está envenenando vários deles e vendendo seus corpos a taxidermistas (empalhadores). Os leões, famosos por sua juba escura, são considerados o símbolo nacional etíope, identificados como leão de Judá, *mas* a carne para mantê-los custa US$ 4.000 por mês.

Folha de S.Paulo, 24 nov. 2006.

Temos no texto anterior dois enunciados que conduzem a conclusões opostas:

Os leões são considerados símbolo nacional etíope → conclusão → não devem ser exterminados.
Mas
A carne para mantê-los custa US$ 4.000 por mês → conclusão → devem ser exterminados.

O uso de *mas* explicita a argumentação a favor da segunda conclusão. Não há oposição entre o fato de os leões serem considerados símbolo nacional e o fato de a carne para alimentá-los custar US$ 4.000 por mês. A oposição existente encontra-se entre as conclusões a que cada um desses fatos conduz. O mesmo acontece no outdoor do banco Itaú, estrategicamente instalado em pontos de grande engarrafamento na cidade de São Paulo:

Engarrafados: O Itaú foi feito para você que vive numa cidade como esta, onde pessoas conseguem ler um outdoor com 84 palavras enquanto estão paradas no trânsito. Quem perde um tempão no trânsito precisa ganhar tempo no banco. Por isso, o Itaú tem mais de 17 mil caixas eletrônicos, Itaú bankfone, Itaú bankline e mais de 2 mil agências em todo o Brasil. Com o Itaú, seu carro pode ficar mais paradão, **mas** sua vida anda que é uma beleza.
Itaú. Feito para você.

O uso do conector *mas*, no último período do texto do outdoor, estabelece uma oposição entre as conclusões a que cada um dos segmentos que o compõem conduz:

 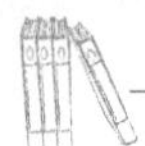

Seu carro fica parado → conclusão → você perde tempo.
Sua vida anda que é uma beleza → conclusão → você não perde tempo.

Evidentemente, de acordo com o texto, é *com o Itaú*, que se torna possível o segundo segmento, em favor de cuja conclusão o locutor opta, explicitando essa opção pelo emprego de *mas*.

Segundo Anscombre e Ducrot (1997), as possibilidades de encadeamentos argumentativos encontram-se na língua e são determinadas por um ato de linguagem particular, o **ato de argumentar**. Entretanto, antes de verificarmos o que devemos entender por ato de argumentar, é importante conhecer, em linhas gerais, o que se entende por ato de linguagem, ou ato de fala.

Atos de fala

A **Teoria dos Atos de Fala** encara os enunciados como ações realizadas pelos falantes em relação a seus interlocutores, inseridos em um determinado contexto, isto é, atos realizados por meio da língua, que realizam efeitos comunicativos. Dessa perspectiva, quando emitimos um enunciado, estamos produzindo um ato de fala que pode ser interpretado como um convite, um pedido, uma crítica, uma ameaça etc. Isso quer dizer que os enunciados, além de seu sentido, veiculam, assim, ações por meio de "forças", usando o vocabulário de Austin, o criador da Teoria dos Atos de Fala. A noção de ato de fala, resumidamente, diz respeito a três tipos de atos que acontecem simultaneamente na enunciação. Vejamos como funcionam esses três conceitos na prática.

Fonte: *Folha de S.Paulo*, 25 set. 2008.

No quadrinho, podemos identificar três atos.

1. Ato **locucional** – o próprio ato de produzir as perguntas, por parte do menino, e a resposta, por parte da mãe.

O ato **locucional** diz respeito à enunciação de um enunciado provido de sentido e referência e consiste em emitir enunciados formados por orações aceitáveis gramaticalmente, ou seja, significativas dentro de um sistema linguístico.

2. Ato **ilocucional** – as perguntas – *Como você pode perder sempre? Você não enxerga a tela direito?* realizam o ato ilocucional de *crítica*. Por meio das perguntas, o filho, irritado, critica a falta de habilidade da mãe nos jogos eletrônicos. Podemos, inclusive, perceber, pela figura, que ele está irritado com a mãe. Dizemos que a fala do filho tem **força** ou **valor ilocucional** de crítica.

O ato **ilocucional** associa uma força à enunciação, considerando a língua como um meio para se atingir um fim, é o ato por meio do qual não apenas se diz algo, mas também se faz algo, é o ato que constitui o centro de atenção da Teoria dos Atos de Fala.

3. Ato **perlocucional** – a mãe poderia se ofender com a crítica do filho, mas isso não acontece. Ela fica até um pouco constrangida, como notamos pela sua fisionomia. Esse é o **efeito perlocucional** que a crítica do filho provoca na mãe.

O ato **perlocucional** diz respeito à forma como o interlocutor recebe o enunciado de outrem e está ligado ao conceito de efeito perlocucional.

O conceito de ato ilocucional é bastante útil ao estudo das interações verbais e da argumentação, especialmente por dois motivos:

1. Em primeiro lugar, porque ele supõe a necessidade efetiva de uma situação de comunicação para o cumprimento do ato, situação ligada às condições de felicidade que o ato ilocucional deve cumprir.

2. Em segundo lugar, porque ele supõe a participação do interlocutor na enunciação, pois para um ato ilocucional ter o valor de uma pergunta, por exemplo, é preciso imaginar que o interlocutor tenha condições de interpretá-lo como tal e que o locutor tenha atribuído esse valor a seu enunciado.

Como observa Ducrot (1980, p. 36), a enunciação é "criadora de direitos e deveres".

Além disso, o fato de considerarmos que os enunciados possuem uma força ilocucional confere um incontestável poder à noção de atos de fala. Encarado desse ponto de vista, o sentido de um enunciado transmite ao interlocutor as circunstâncias em que ele foi produzido, os fins para os quais foi produzido, os efeitos para os quais ele foi produzido.

Nossos enunciados possuem "forças" e é desse ponto de vista que podemos dizer que existe um ato de argumentar que confere ao enunciado uma força argumentativa. É por isso que a **Teoria dos Atos de Fala** ocupa um lugar de destaque nos estudos da argumentação na língua.

Essa teoria, conforme dissemos anteriormente, tem como pai o filósofo inglês Austin, que percebeu que algumas frases **declarativas** não são empregadas com a finalidade de emitir afirmações verdadeiras ou falsas, ou seja, não são usadas para **dizer** alguma coisa, mas para **fazer** alguma coisa. Austin (1962,1970) chamou essas frases de **performativas** e as contrastou com as asserções propriamente ditas, a que denominou **constativas**.

Frase **declarativa** é a frase assertiva.

Austin limitou-se ao estudo dos **performativos**. Posteriormente, o filósofo americano Searle (1969, 1981) ampliou a proposta de Austin.

Diz-se que uma frase é **constativa** quando ela descreve um acontecimento, apresenta uma informação, como, por exemplo: *eu me chamo Pedro.*

As performativas, ao contrário das constativas, não podem ser verdadeiras ou falsas; o que pode ocorrer em relação a elas é que o sujeito que as enuncia pode não estar em condições de fazê-lo e, nesse caso, elas podem ser "infelizes", ou seja, dar errado. Assim, de acordo com a possibilidade de um performativo dar errado ou dar certo, dizemos que existem condições para o seu sucesso. Essas condições são chamadas "condições de felicidade" e se baseiam em três princípios:

1. As circunstâncias devem obedecer algumas regras convencionais que autorizam as pessoas apropriadas a agir por meio dos atos performativos;
2. O ato deve ser executado corretamente e completamente;
3. As pessoas que executam um ato performativo devem ter realmente intenção de o executar e acreditar nessa possibilidade.

Assim, por exemplo, ao final de uma sentença judicial, quando o juiz declara:

> Em face do exposto, JULGO PROCEDENTE o pedido inicial, condenando *Fulano de Tal* a pagar a *Beltrano* a importância relativa à sua dívida, no valor de R$ 55.970,47 (cinquenta e cinco mil, novecentos e setenta reais e quarenta e sete centavos), com atualização monetária até o mês de outubro de 2008, mais correção monetária a partir deste mês (outubro de 2008) até o dia do efetivo pagamento e com acréscimo de juros de mora de 5% (cinco por cento) ao mês, contados a partir do vencimento de cada parcela, os quais deverão incidir sobre o principal atualizado.

1. O juiz, no contexto do processo judicial, é a pessoa apropriada para julgar;
2. O ato de julgar foi executado corretamente e completamente pelo juiz, que acompanhou o processo todo e emitiu o julgamento ao final, obedecendo às regras processuais;
3. O juiz acredita na força de seu julgamento, pois está investido desse poder pelo estado e tem a intenção de julgar, cumprindo seu papel.

Tendo atendido a todas condições necessárias ao ato de fala, podemos afirmar que ao declarar *julgo* o juiz está efetivamente produzindo um ato de julgar e, ao dizer *condeno Fulano de Tal*, ele torna fulano condenado a pagar o que foi determinado em sua condenação. O dizer do juiz tem força de ato.

Como pudemos observar no exemplo anterior, os performativos que respondem às condições de felicidade, efetivamente fazem algo, em vez de apenas informarem algo.

Vejamos mais um exemplo.

A mãe dirige-se ao filho que está saindo para uma festa e diz:

– Não volte tarde!

As circunstâncias em que esse enunciado é dito obedecem a regras convencionais segundo as quais as mães são pessoas apropriadas a serem autorizadas a agir por meio de ordens em relação a seus filhos; a mãe expressou a ordem corretamente, por meio de um verbo no imperativo e completamente; ela realmente tem a intenção de fazer com que o filho volte cedo para casa e acredita nessa possibilidade.

Podemos dizer que esse enunciado atende às condições de felicidade. Temos então um ato de fala que é uma

ordem, pois a fala da mãe tem força de **ordem**. Entretanto, se a fala partisse de alguém que está sozinho e doente em casa e se dirigisse a um amigo, a força seria de **pedido**.

Podemos associar, então, a interpretação ao reconhecimento de atos por parte do interlocutor. Dessa perspectiva teórica, o sentido de um enunciado se define como sendo um conjunto de atos de fala, uma vez que uma mesma frase pode servir para realizar atos de fala diferentes, o que impõe a necessidade de se conhecer não só a frase, mas também a situação em que é empregada para podermos compreender o sentido de um enunciado.

Com respeito à questão do emprego das frases, é importante estabelecer a distinção entre *frase* e *enunciado*. Para tanto, recorremos, em primeiro lugar, ao conceito de enunciação, a partir da qual se produz o enunciado.

Enunciação, frase, enunciado

A **enunciação** constitui o processo pelo qual o indivíduo põe em uso o sistema linguístico. Ela não é o texto do enunciado, mas simplesmente o ato de produzi-lo. A *enunciação* se manifesta por meio de textos, de enunciados. O enunciado é, portanto, o resultado desse processo.

Segundo Benveniste (1974, p. 81), "a **enunciação** supõe a conversão individual da língua em discurso"; nela, a língua se encontra empregada na expressão de certa relação com o mundo.

Como ensina Benveniste, antes da enunciação, a língua é apenas uma possibilidade. As frases possíveis de uma língua incluem-se nessa possibilidade a que se refere esse autor. A frase constitui, portanto, um construto teórico, isto é, apenas a combinação de palavras para a construção de sequências linguísticas aceitáveis de uma língua. É por isso que uma frase pode, a partir da enunciação, resultar em diferentes enunciados, dependendo do contexto, dos objetivos do produtor do enunciado.

Também por isso é que dizemos que nem todo enunciado coincide com uma frase no sentido gramatical de **frase**.

A **frase** define-se por ser um conceito teórico, isto é, uma estrutura que contempla um sintagma nominal e um sintagma verbal – SN+SV. Assim, por exemplo, em "O zoológico adotou uma solução radical", temos como SN "O zoológico" e como SV "adotou uma solução radical".

A frase, fora do contexto enunciativo, não constitui um enunciado porque não pode produzir sentido, ela tem apenas uma significação resultante da interpretação das relações dos termos que a compõe; somente o enunciado produz sentido, pois esse é um fenômeno que envolve a compreensão de toda a situação de enunciação.

Podemos dizer, então, que a frase apenas contém instruções para aqueles que deverão interpretar o **enunciado** dela.

A compreensão de um **enunciado**, conforme defende Ducrot (1980a), implica a descoberta da conclusão intencionada pelo locutor; depende, portanto, do contexto para fazer sentido.

Vejamos, por exemplo, a seguinte frase interrogativa:

Você sabe que horas são?

Tomando essa frase isoladamente, podemos de forma geral afirmar que se trata de uma frase interrogativa, complexa, composta de duas orações; podemos ainda afirmar que ela indica uma lacuna de conhecimento a respeito de um saber (expressa pelo verbo saber com *sabe*) de outrem (expresso

 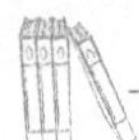

pelo pronome de tratamento *você*) relativa a tempo cronológico (expresso pelo substantivo *horas*).

Pensemos agora na frase inserida na seguinte situação:

> João está andando na rua com um colega, resolve consultar seu relógio, mas percebe que o esqueceu em casa. Dirige-se ao colega e pergunta:
> – Você sabe que horas são?

Considerando as informações da situação em que se produziu o enunciado, podemos dizer que João não está interessado em saber se o amigo sabe ou não que horas são; ele está pedindo que o amigo lhe informe que horas são. Na enunciação de João, a frase interrogativa assumiu a força ilocucional de pedido. O enunciado produzido por João é um pedido.

Em uma situação de enunciação diferente, a mesma frase pode representar outro enunciado:

> Maria é professora. Sua aula começa às 8h. São 8h30 e Maria já está explicando a atividade, quando entra na classe Joaquim, um aluno atrasado. Maria vira-se para Joaquim e diz:
> – Você sabe que horas são?

As informações da situação de enunciação do exemplo acima nos indicam que Maria também não estava perguntando se Joaquim sabia ou não que horas eram. Maria estava, na realidade, repreendendo Joaquim por chegar atrasado. Essa é a força ilocucional do enunciado de Maria.

Vale observar que Joaquim, sendo distraído, pode não perceber que Maria o está repreendendo e considerar que ela está apenas lhe pedindo uma informação sobre o horário. Nesse caso, dizemos que, para Joaquim, a força perlocucional do enunciado de Maria foi um pedido. Conforme explicamos anteriormente, a força perlocucional tem a ver com a maneira como o interlocutor interpreta o enunciado, isto é, no exemplo que acabamos de ver, a força perlocucional corresponde ao ato de fala que Joaquim identifica no enunciado proferido por Maria: uma ameaça, uma repreensão, um simples pedido de informação.

Durante a leitura, também identificamos atos de fala e atribuímos valores ou efeitos ilocucionais aos enunciados:

COM A FAMÍLIA

É complicado. Geralmente são viagens de carro, aqui mesmo pelo Brasil, organizadas com meses e meses de antecedência. Depois de milhares de discussões e brigas, chega-se a um consenso de para onde ir.

Revisão no carro, o cachorro vai ou não vai? E o coelho? O coelho não, assim já é demais. Fica com a empregada. Mas a empregada vai!

– Meu amor, a gente tem uma Brasília!

As bicicletas vão em cima. Mas e o isopor?

– Precisa levar mesmo a banheirinha?

– E o troca-fraldas também.

Já na estrada, o pai pergunta ao filho adolescente:

– Você não está com nada em cima, né?

– Não!

Mentira.

Aí tem que achar um posto decente para esquentar a mamadeira e o cachorro fazer xixi. A empregada também quer.

 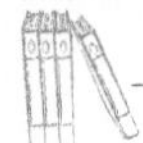

A fralda é trocada dentro do carro. E a esposa não admite jogar pela janela.

As férias estão começando.

É melhor voltar logo para casa.

PRATA, M. *100 crônicas*. São Paulo: O Estado de S. Paulo/Cartaz Editorial, 1997.

Durante a leitura do texto de Mário Prata, identificamos o ato ilocucional de censura na afirmação do marido: "Meu amor, a gente tem uma Brasília!" Com essa afirmação, o personagem não está informando à mulher o modelo do automóvel que possuem, mas criticando a mulher, que pretende levar para as férias uma bagagem que ele considera excessiva.

Na pergunta: "Precisa levar mesmo a banheirinha?" Conseguimos perceber que o marido não está expressando sua falta de conhecimento em torno da necessidade de levar a banheirinha ou não, mas expressando seu descontentamento, sua censura à decisão da mulher de levá-la. Ele espera, com a pergunta, conduzi-la a responder negativamente, deixando para trás o objeto.

Não apenas diálogos contêm forças ilocucionais. O ato ilocucional de conselho, expresso pelo verbo no imperativo, constitui, por exemplo, na bula de remédio que apresentamos a seguir, a conclusão em favor da qual o enunciado *evitar uso impróprio do medicamento* argumenta.

Berlison
Acetato de hidrocortisona

Para evitar uso impróprio do medicamento, leia esta bula com atenção!

FORMAS FARMACÊUTICAS E APRESENTAÇÕES:
Pomada e creme. Bisnagas com 15 g e 30 g
USO PEDIÁTRICO E ADULTO
[...]
INFORMAÇÕES AO PACIENTE:
O produto deve ser conservado em temperatura ambiente e ao abrigo da luz.

Notamos, dessa forma, que até mesmo um texto mais objetivo como uma bula de remédio pode conter elementos que lhe conferem uma força argumentativa. Afinal, no caso da bula de remédio, por exemplo, há uma intenção, por parte do fabricante, de que o comprador leia a bula e informe-se a respeito do remédio que pretende consumir, tomando os devidos cuidados.

Ocorre que, na enunciação, consideramos não apenas o ato em si, mas também as situações em que ele se realiza e os instrumentos de sua realização. Considerando o ato em si da enunciação, podemos estudar os mecanismos de significação, os sentidos do enunciado; podemos estudar também os aspectos subjetivos da linguagem, a argumentação, os processos de interação verbal entre os sujeitos envolvidos na enunciação. Considerando as situações de enunciação, podemos estudar os aspectos pragmáticos envolvidos no enunciado, como os atos de fala. Levando em conta os instrumentos de realização da enunciação, podemos estudar o enunciado resultante desse processo e todas as peculiaridades linguísticas nele implicadas. É sobre esse terceiro enfoque de estudo que repousa nosso interesse: o texto e suas peculiaridades linguísticas.

Significação, sentido, leis do discurso

A distinção entre *frase* e *enunciado* nos permite diferenciar *significação* de *sentido*. A *significação* está ligada à *frase*, enquanto o *sentido* é do *enunciado*. A significação contém as instruções dadas àqueles que deverão interpretar um enunciado da frase, pedindo-lhes que procurem, na situação de discurso, as informações que lhes permitirão reconstruir o sentido pretendido pelo locutor. Desse ponto de vista, a significação de uma frase não é comunicável, ela não pode ser dita; o que é dito é o enunciado.

O fato de atribuirmos uma significação a uma frase nos ajuda a compreender por que os seus **enunciados**, de acordo com a situação de emprego, assumem certos sentidos. O que determina o enunciado, portanto, são suas condições de emprego, ou o que Ducrot chama de *leis do discurso*. As leis do discurso permitem entender o sentido de um enunciado como fazendo a alusão à sua enunciação. É nesse ponto que a teoria de Ducrot avança em relação à Teoria dos Atos de Fala, para a qual o sentido do enunciado limita-se à sua força ilocucional. Para Ducrot, a enunciação nos permite depreender as circunstâncias da enunciação, ou a situação de emprego dos enunciados.

> Segundo Ducrot (1980, p. 12) "conseguimos, bem ou mal, nos fazer compreender com **enunciados**, não há nem mesmo a menor possibilidade de tentarmos nos fazer compreender com frases".

Assim, por exemplo, acontece no romance *Equador*, do escritor português Miguel Sousa Tavares, em que o personagem Luís Bernardo é convidado para almoçar com o rei de Portugal D. Carlos. Após o almoço, o monarca convida Luís Bernardo para assumir o cargo de Governador das ilhas de São Tomé e Príncipe, colônia portuguesa. O rei não expressa diretamente o convite, mas lhe expõe a situação de alerta em que se encontra a colônia, explicando a necessidade da nomeação de um novo governador:

> – E o que Vossa Majestade espera do novo governador é que convença o cônsul inglês de que não existe escravatura nas ilhas?
> – O que espero de si – d. Carlos acentuou bem o "de si" – é que consiga três coisas: [...]
> [...]
> – Como Vossa Majestade compreenderá, eu preciso de tempo para ponderar no convite que me fez [...].
>
> TAVARES, Miguel Sousa. *Equador.* Rio de Janeiro: Nova Fronteira, 2004, pp. 60-1.

O rei dá a conhecer a seu interlocutor suas intenções de forma indireta. Entretanto, sua condição real estabelece as condições de enunciação. Seu convite, como claro fica em sua enunciação, com o reforço sobre *de si*, não constitui um convite, mas uma convocação, fundamentada na hierarquia existente entre ele, na condição de rei e o convidado, na condição de súdito. Luís Bernardo não poderá recusar. Não temos, portanto, um convite por parte do rei, mas uma ordem. O que permite a Luís Bernardo e a nós, leitores do romance, perceber a força da ordem são, de acordo com as teorias de Ducrot, as **leis do discurso**.

As leis do discurso constituem, portanto, as normas que se impõem ao ato de enunciação; elas dizem respeito à situação de emprego dos enunciados.

A noção de **leis do discurso** é semelhante ao conceito de *máximas conversacionais* postulado pelo filósofo da linguagem da escola de Oxford Paul Grice (1975), em quem Ducrot se inspirou.

Na interação, o interlocutor supõe que o locutor as emprega, o que faz com que elas tenham um papel na construção de sentidos. Desse ponto de vista, podemos dizer que a função primordial da língua é oferecer aos interlocutores um conjunto de modos de ações que lhes permita representar e se impor, mutuamente, papéis, por meio dos enunciados que produzem.

Ao assumirmos a existência das leis do discurso, estamos considerando que a construção dos sentidos de um enunciado, implica pensar na significação da frase. E, simultaneamente, observar, a situação de emprego do enunciado e aplicar as leis do discurso para garantir o sentido, o que quer dizer que o sentido de um enunciado não se dissocia do emprego do enunciado em determinado contexto, nem de seu valor argumentativo.

Anscombre e Ducrot (1997, p. 16) propõem algumas perguntas que poderiam ser formuladas para avaliar um enunciado em relação às **leis do discurso**: "Este enunciado é adequado a tal situação? Ou ele estaria fora de propósito? Quais atos de fala ele permite realizar (asserção, interrogação, ordem etc.)? Que reação ele exige do destinatário? Uma resposta, como as perguntas? Uma ação, como as ordens?"

Dessa forma, a força argumentativa não é algo que se acrescenta ao significado da frase; ao contrário, faz parte do emprego daquela frase no enunciado que ela permite realizar. A força argumentativa faz parte do enunciado, que, por sua vez, contém orientações argumentativas. Ocorre, assim, uma pragmática integrada, isto é, uma pragmática se introduz desde o nível da significação, uma vez que há uma orientação argumentativa inerente à maior parte das frases, ou seja, os encadeamentos argumentativos possíveis no discurso estão ligados à estrutura linguística dos enunciados, que corresponde à organização da frase que lhe deu origem.

As **leis do discurso** podem, portanto, ser aplicadas às frases, introduzindo valores argumentativos na significação.

Dessa forma, de acordo com Ducrot (1987), atribui-se uma pragmática virtual à frase, ficando reservada às leis de discurso a função de mostrar como essa pragmática virtual se concretiza nos enunciados, de acordo com a situação de enunciação.

Podemos afirmar, então, que a noção de leis do discurso diz respeito a princípios que regem a conduta da conversação e, por extensão, qualquer tipo de interação verbal. Quem estabeleceu essa noção de princípios para a conduta na conversação foi Grice (1975), postulando, como princípio geral da conversação, o *princípio de cooperação*, que, por sua vez, determina quatro máximas.

Princípio de cooperação: seja cooperativo, colabore o máximo com seu interlocutor.	
1. Máxima de qualidade	Faça com que sua contribuição seja a mais verdadeira possível. Não diga aquilo que acredita ser falso. Seja sincero.
2. Máxima de quantidade	Faça com que sua contribuição seja suficientemente informativa. Seja sucinto.
3. Máxima de relevância	Faça com que sua contribuição seja relevante. Seja pertinente.
4. Máxima de modo	Evite a obscuridade e a ambiguidade. Seja breve e ordenado.

Essas máximas especificam o que os participantes de uma interação devem fazer para interagir de maneira eficiente, racional, cooperativa. Cada um dos participantes da interação, agindo de boa fé, procura atender às máximas e espera que o interlocutor faça o mesmo. Assim, em princípio, supomos que nenhum deles será:

- lacônico, nem contará mais do que lhe foi perguntado ou mais do que julga pertinente (Máxima de quantidade);

- deliberadamente falso ou afirmará meras suposições (Máxima de qualidade);
- excessivamente minucioso ou informará mais do que julga necessário (Máxima de relevância);
- vago, ambíguo, ou construirá voluntariamente de maneira desordenada seu discurso (Máxima de modo).

Além disso, cada um dos participantes sempre imagina que:

- o interlocutor fornece ao outro todas as informações de que dispõe; se as informações são poucas é porque ele não possui mais informações a respeito do assunto sobre o qual estão conversando;
- o interlocutor acredita ser verdadeiro aquilo que diz, ou então ele é fingido;
- tudo aquilo que o interlocutor diz é importante para o assunto sobre o qual estão conversando;
- o interlocutor está sendo preciso em suas informações.

A piadinha a seguir ilustra, por exemplo, uma quebra à máxima de relevância:

"A professora pede aos alunos para trazerem de casa algum objeto da área de saúde como trabalho escolar, solicitando que fosse explicado que objeto era, para que servia e o que disse a pessoa que deu.
No outro dia, a professora pergunta pra Marianinha:
– O que você trouxe, para que serve e o que a pessoa disse?
– Uma seringa, professora, foi a farmacêutica que me deu e serve para aplicar remédios nos doentes.
– Muito bem, Marianinha, nota 10!
Em seguida, a professora pergunta para Joãozinho:

– O que é isso, pra que serve, e o que disse a pessoa que lhe deu?
– 'Fessora', é um balão de oxigênio.
– Muito bom Joãozinho, quem te deu?
– Meu avô, 'fessora'.
– Humm, sei. E o que ele disse?
– Devolveeeeeeeeeeeeee....."

A graça da piada apresentada se encontra na quebra da **máxima de relevância**: o aluno não percebeu a intenção da professora em, ao solicitar informação sobre o que disse a pessoa que forneceu o objeto, explorar a função prática dele, fato provavelmente relevante para a aula em desenvolvimento.

Em suma, toda conversação depende do que cada um dos envolvidos imagina ser a intenção do outro, ou, dito de outro modo, da descoberta da conclusão à qual o locutor pretende nos conduzir. O que nos permite essa descoberta é a aplicação das *leis do discurso*. Na fábula que apresentamos a seguir, é também a aplicação das leis do discurso que permite ao galo desvencilhar-se da raposa:

O GALO E A RAPOSA

No meio dos galhos de uma árvore bem alta, um galo estava empoleirado e cantava a todo volume. Sua voz esganiçada ecoava na floresta. Ouvindo aquele som tão conhecido, uma raposa que estava caçando se aproximou da árvore. Ao ver o galo lá no alto, a raposa começou a imaginar algum jeito de fazer o outro descer. Com a voz mais boazinha do mundo, cumprimentou o galo dizendo:

– Ó meu querido primo, por acaso você ficou sabendo da proclamação de paz e harmonia universal entre todos os tipos de bichos da terra, da água e do ar? Acabou essa história de ficar tentando agarrar os outros para comê-los. Agora vai ser na base do amor e da amizade. Desça para a gente conversar com calma sobre as grandes novidades!

O galo, que sabia que não dava para acreditar em nada do que a raposa dizia, fingiu que estava vendo uma coisa lá longe. Curiosa, a raposa quis saber o que ele estava olhando com ar tão preocupado.

– Bem – disse o galo –, acho que estou vendo uma matilha de cães ali adiante.

– Nesse caso é melhor eu ir embora – disse a raposa.

– O que é isso, prima? – disse o galo – Por favor, não vá ainda! Já estou descendo! Não vá me dizer que está com medo dos cachorros nesses tempos de paz?!

– Não, não é medo – disse a raposa –, mas... e se eles ainda não estiverem sabendo da proclamação?

Moral: Cuidado com as amizades muito repentinas.

HIGTON, Russel Ash Bernard (coord.).
Fábulas de Esopo. Trad. Heloisa Jahn.
São Paulo: Companhia das Letrinhas, 1994, p. 22.

Na fábula, a raposa mente ao galo, quebrando, evidentemente a **máxima de qualidade**. Entretanto, o galo percebe as intenções da raposa, não se deixa levar pela sua fala e, utilizando do mesmo artifício, ou seja, quebrando ele também a máxima de qualidade, induz a raposa a ir embora. O galo finge acreditar na sinceridade da raposa e, por conseguinte, faz com que ela acredite que ele próprio está dizendo a verdade, sendo sincero. Ao quebrar a máxima de qualidade, mente para a raposa que está avistando uma matilha de cães, convencendo-a a ir embora, o que permite que ele desça da árvore na qual tinha subido para proteger-se de ser devorado pela raposa. Vale ainda observar que o galo jogou com a quebra da **máxima de modo**, não dizendo tudo explicitamente, deixando que a raposa tirasse suas conclusões.

Há, no texto, um jogo de intenções que comanda a interação entre os personagens. A raposa tem a intenção velada de fazer o galo descer da árvore para devorá-lo; o galo, por sua vez, pretende conduzir a raposa a se afastar para que ele possa descer da árvore sem correr o risco de ser devorado por ela.

O emprego das leis do discurso está ligado ao comportamento social dos envolvidos na interação verbal. Desse ponto de vista, podemos afirmar que a palavra é uma atividade social e que falar é comunicar e **interagir**.

Para um aprofundamento do estudo das **interações** verbais, sugerimos a leitura de Kerbrat-Orecchioni, *Os atos de linguagem no discurso*. Niterói: Eduf, 2005. A autora afirma que "todo ato de fala implica normalmente não apenas uma locução, mas uma interlocução (uma troca de propósitos)" (KERBRAT-ORECCHIONI, 1990,1998, p. 14).

Assim, entendemos o sentido como sendo uma forma de **ação** sobre o outro, ou seja, o sentido de um enunciado é dotado de uma parte que lhe é constitutiva chamada **força argumentativa**. Há na língua elementos que nos permitem marcar argumentativamente nossos enunciados.

É também nessa direção que Anscombre e Ducrot (1997, p. 16) postulam que o "emprego de uma frase é um fenômeno interindividual, um acontecimento na história das relações entre vários indivíduos: o locutor a emprega porque a situação em que se encontra em relação às pessoas que o rodeiam a impõe, ou, pelo menos, a autoriza; e, se ele a emprega é, por outro lado, porque ele procura, graças a ela, produzir certo efeito sobre aqueles a quem ou por quem ele fala".

Locutor, enunciador, polifonia

Tendo definido enunciação, estabelecido a distinção entre frase e enunciado e entre significação e sentido, vamos mostrar a distinção entre **locutor** e **enunciador**, observando os sentidos atribuídos a esse dois conceitos, a partir dos quais compreendemos o conceito de **polifonia**. Para tanto, vejamos o seguinte texto:

TORRADA ENGORDA MENOS QUE PÃO

Não. Muita gente ainda acredita que, por ser leve (no peso), a torrada tem menos calorias que o pão. No livro *Dietas – escolha a sua* (Verus Editora), a autora e nutricionista americana Marie-Laure André faz a comparação em 100 gramas: o pão tem perto de 255 calorias e a torrada 390. Essa diferença é grande porque a torrada não tem água.

Revista *Boa Forma*, mar. de 2009, edição 264, p. 39.

No texto, o **locutor**, para discutir se *torrada engorda menos que pão*, apresenta dois pontos de vista, expressos por dois **enunciadores**. O enunciador E1, expresso por *muita gente*, assume o ponto de vista de que *a torrada tem menos calorias que o pão*. Ao enunciador E1 se opõe o enunciador E2, representado por *a nutricionista americana Marie-Laure André*, cujo ponto de vista é contrário. É a esse ponto de vista que o locutor adere. A apresentação de dois pontos de vista representados por dois enunciadores diferentes estabelece a **polifonia** no texto da revista *Boa Forma*.

E de enunciador

O **locutor** é o responsável pela **enunciação**, ou seja, é o termo que identifica teoricamente o ser que se apresenta como responsável pelo enunciado: o sujeito que atribui a si a produção física do enunciado, a realização dos atos de linguagem e a propriedade de ser designado pela marca da primeira pessoa. Vamos utilizar, então, a palavra locutor para referir o sujeito responsável pela enunciação.

Conforme observa Ducrot (1984, p. 204), se os enunciadores "falam é somente nesse sentido que a enunciação é vista como exprimindo o ponto de vista deles, sua posição, sua atitude, mas não no sentido material do termo, suas palavras".

O enunciador engloba os seres que se exprimem por meio da enunciação, sem que, no entanto, lhes atribuamos palavras precisas; o enunciador é responsável por pontos de vista expressos ou evocados por meio do enunciado.

Todo enunciado tem certo número de pontos de vistas e os enunciadores são os responsáveis pela origem dos diferentes pontos de vista presentes no enunciado. É preciso ficar claro que os enunciadores E não são pessoas, mas pontos de vista abstratos. Essa diversidade de pontos de vista que pode conter o enunciado constitui o que chamamos de **polifonia**. A polifonia é assim definida como sendo a presença de vários enunciadores no enunciado. O locutor pode identificar-se com um enunciador ou manter-se distante deles.

Vejamos, por meio de mais um exemplo, como funcionam na prática os conceitos de locutor, enunciador e polifonia:

Escorpião – 23/10 a 21/11

É hora de utilizar o máximo do seu potencial.
Você está destrinchando o que vier, resolvendo os problemas de maneira bastante inteligente. Não tenha medo de agir rápido, essas tomadas de decisões repentinas são as mais corretas no momento.

Metronews, 14 abr. 2008

No texto de horóscopo, podemos identificar, com o enunciado imperativo negativo *Não tenha medo de agir rápido*, a presença de um enunciador E1 do qual o locutor se distancia. O ponto de vista de E1 é que *é necessário ter medo de agir rápido*. O locutor L nega essa necessidade, justificando seu ponto de vista por meio da enunciação de um enunciador E2, com a qual ele concorda: *tomadas de decisões repentinas são as mais corretas no momento*. Notamos, assim, no pequeno texto do horóscopo, a presença de dois enunciadores cujos pontos de vista diferem: o enunciador E1, cujo ponto de vista é que não se deve agir rápido; o enunciador E2, cujo ponto de vista é que se deve agir rápido. O locutor L adere ao ponto de vista do enunciador E2. Instaura-se, dessa forma, a polifonia na enunciação do horóscopo.

Ato de argumentar

Como vimos até aqui, os encadeamentos argumentativos possíveis no discurso estão ligados à estrutura linguística dos enunciados e não apenas às informações que eles veiculam e são determinados por meio de um ato de linguagem particular, o **ato de argumentar.**

O conceito de ato de argumentar está ligado às noções de ato de fala, de força ilocucional e de força argumentativa, que abordamos anteriormente.

A partir do que vimos nos itens anteriores, podemos dizer que todo enunciado é objeto de um ato de argumentar que faz parte do seu sentido. O ato de argumentar atribui a um ou

Anscombre e Ducrot (1997, p. 168) afirmam que "o processo discursivo que chamamos de argumentação e que consiste em encadear enunciados-argumentos e enunciados-conclusões tem ele mesmo como anterior um **ato de argumentar** sobre o qual se apoia. Como todos os atos ilocutórios, se realiza no e por um enunciado único".

vários objetos certo grau na ordem de uma qualidade; ele se refere a uma propriedade, ou a uma qualidade [R] em relação à qual o locutor situa o objeto.

Veja, por exemplo, o seguinte comentário de Manuel Bandeira:

> Em 29 de agosto de 1930, fez duzentos anos que nasceu em Outro Preto o artista genial, cujo nome raros saberão por inteiro – chamava-se Antônio Francisco Lisboa, e ainda mais conhecido pelo apelido de Aleijadinho. Na verdade tão mal conhecido.
>
> [...]
>
> Mesmo em Minas, e em cidades onde trabalhou, Antônio Francisco Lisboa é *quase* desconhecido.
>
> BANDEIRA, M. *Crônicas da província do Brasil.* São Paulo: Cosac & Naify, 2006.

Nesse excerto, por exemplo, o locutor atribui a Antônio Francisco Lisboa, o Aleijadinho, a qualidade [R] *ser conhecido* situando-o na ordem *quase desconhecido.*

Essa qualidade [R] determina as conclusões implícitas ou explícitas que podem ser tiradas do enunciado. Embora a qualidade [R] e as conclusões que dela podem ser tiradas não sejam independentes, elas não se confundem.

A qualidade [R] *ser quase desconhecido* atribuída a *Antônio Francisco Lisboa* não se confunde com as conclusões que dela podem ser tiradas, uma das quais pode ser, por exemplo, que ele precisa ser mais divulgado, ou que as pessoas deveriam procurar conhecê-lo melhor. É em relação à qualidade [R], e não às conclusões que ela determina, que se definem as noções de base da teoria argumentativa, isto é, a noção de **superioridade argumentativa** e de **oposição argumentativa**.

A noção de superioridade argumentativa estabelece que uma frase [f2] é argumentativamente superior a outra [f1] se, em qualquer situação em que um locutor considera um enunciado [E1] de [f1] como sendo um argumento utilizável para uma determinada conclusão, ele também considera um enunciado [E2] de [f2] como sendo um argumento utilizável para a mesma conclusão, mas não o inverso. Assim, por exemplo, comparando os enunciados:

> O carro está com o tanque quase cheio.
> O carro está com o tanque cheio.

Em relação à conclusão de percorrer determinada distância, por exemplo, *o tanque cheio* do carro constitui argumento que conduz à mesma conclusão que *o tanque quase cheio*. Em contrapartida, *o tanque quase cheio* não permite argumentar para a mesma conclusão de percurso de distância que autoriza *o tanque cheio*. Nesse contexto, a qualidade [R], ou *o nível de plenitude do tanque*, permite determinar que, se os dois enunciados apresentados acima são argumentos para a mesma conclusão (percorrer determinada distância), o segundo deles (*O carro está com o tanque cheio*) é argumentativamente **superior** ao primeiro (*O carro está com o tanque quase cheio*) porque apresenta um grau superior de [R].

A noção de oposição argumentativa ligada ao conceito de **ato de argumentar** estabelece que duas frases [f1] e [f2] são argumentativamente opostas se, em nenhuma situação, as ocorrências dos enunciados [E1] e [E2] de [f1] e [f2] podem servir para conduzir à mesma qualidade [R] do ato de argumentar, não podendo atribuir em nenhum grau a mesma qualidade ao mesmo objeto.

Tomemos os exemplos utilizados por Anscombre e Ducrot (1997):

> O jantar está pronto.
> O jantar está quase pronto.

O primeiro enunciado (*O jantar está pronto*) põe em evidência a proximidade iminente do jantar, que o segundo (*O jantar está quase pronto*), ao contrário, apresenta como ainda não estando próximo.

Assim, embora ambos os enunciados possam conduzir a uma mesma conclusão como, por exemplo, *apresse-se*, cada um deles apoia-se numa qualidade que é argumentativamente oposta e tem a ver com o ato de argumentar que cada um deles realiza: a proximidade imediata do jantar e a não proximidade imediata do jantar:

Situação A

> Pedro está se dirigindo à casa de sua irmã Maria e lhe telefona dizendo:
> – Estou chegando aí, vou jantar com você.
> – Então, **apresse-se**, que o jantar já está pronto. Está sendo posto à mesa.

 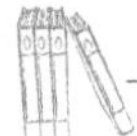

Situação B

> João foi convidado para jantar na casa de Ana às 20h, mas se atrasou e, a caminho, liga às 20h40 dizendo:
> – Ai, que pena, estou atrasado, perdi o jantar!
> – **Apresse-se**. O jantar está quase pronto, mas ainda não foi servido.

Segundo os teóricos, a situação A e a situação B são argumentativamente **opostas**; "está pronto" constitui a qualidade [R] do ato de argumentar baseado em "proximidade imediata" que traz a situação. A essa qualidade se opõe a qualidade [R] do ato de argumentar baseado na "não proximidade imediata" própria de "está quase pronto".

A qualidade [R] determina a maneira como, no discurso, visamos às conclusões implícitas ou explícitas dos enunciados. É nesse sentido que "pronto" e "quase pronto" se opõem.

Assim sendo, se desejamos enfatizar para nossos interlocutores a "proximidade imediata", usaremos a forma "pronto"; se, por outro lado, desejamos reforçar a qualidade de "não proximidade imediata", escolheremos a forma "quase pronto". Desse ponto de vista, podemos compreender que nossas escolhas linguísticas implicam efeitos de sentido, o que é, evidentemente, óbvio; no entanto, nem sempre levamos esse fato em conta ao construirmos nossos textos, nem quando lemos os textos de outrem.

Retomando o texto de Bandeira apresentado no início desta seção, podemos comparar o enunciado

> Antônio Francisco Lisboa é *quase* desconhecido.

a

Antônio Francisco Lisboa é desconhecido.

Comparando os dois enunciados, podemos dizer que, embora *ser desconhecido* tenha superioridade argumentativa em relação a *ser quase* desconhecido, a escolha de *quase* inclui certo nível de conhecimento em relação à vida e obra de Aleijadinho e torna possível a conclusão de que há necessidade de maior divulgação do artista. Assumi-lo como desconhecido por completo poderia implicar assumir também a inutilidade ou ineficácia de maior divulgação. O exemplo nos mostra que nossas escolhas levam sempre em conta nossas intenções e têm a ver com as relações que se estabelecem entre as qualidades e as conclusões que elas determinam no discurso.

Muitas vezes, os lugares-comuns, ou ***tópos***, regem as relações entre a qualidade R e as conclusões que ela determina no discurso, ou seja, os *tópos* tornam possível o ato de argumentar. A noção de ato de argumentar refere-se à força ilocucional presente na argumentação.

A palavra *tópos* tem origem na língua grega, em que significa *lugar*. Diz respeito a crenças que funcionam como princípios gerais que justificam os raciocínios que conduzem a uma conclusão.

Podemos, então, dizer que existe uma força ilocucional ligada à argumentação, é nessa força que reside a noção de **ato**. Em certas ocasiões, essa força encontra-se mais centrada nos argumentos; outras vezes, apoia-se na conclusão. O fato é que, frequentemente, o que aparenta ser uma conclusão, constitui na realidade, argumento.

No exemplo a seguir, a força ilocucional encontra-se nos argumentos:

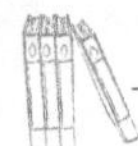

O melhor de Calvin Bill Watterson

Fonte: *O Estado de S. Paulo*, 6 nov. 2008.

Na tirinha, a força ilocucional do ato de argumentar encontra-se especialmente nos argumentos enumerados por Calvin. A conclusão se apresenta como consequência automática dessa enumeração. Vejamos como acontece:

Argumento 1: As famílias assistem sete horas e meia de TV por dia.
Argumento 2: mamãe não vê TV enquanto eu estou na escola.
↓
Conclusão: Posso assistir à TV de 15h até 22h30.

No último quadrinho da tirinha, mais um argumento reforça a conclusão:

Argumento 3: Não podemos ficar abaixo da média das famílias.
↓
Conclusão: Posso assistir à TV de 15h até 22h30.

O ato de argumentar centra-se, assim, nos argumentos apresentados pelo Calvin. A conclusão se apresenta como mera consequência dos argumentos.

Já no exemplo a seguir, a força do ato de argumentar parece encontrar-se especialmente na conclusão:

Recruta Zero Mort Walker

Fonte: *O Estado de S. Paulo*, 2 out. 2008.

Zero, o personagem da tirinha, escreve uma carta para os pais pedindo dinheiro. Num primeiro momento, podemos ser levados a construir o seguinte esquema para a argumentação de Zero:

Argumento: mandem 200 pratas.
↓
Conclusão: vou ter muito mais coisas para contar.

A força do ato de argumentar de Zero, pelo esquema acima, se encontraria centrada na possibilidade de ter mais coisas para contar. Entretanto, uma observação mais atenta nos leva a elaborar um esquema diferente para a argumentação de Zero: ter muitas coisas para contar constitui a motivação para que os pais enviem "200 pratas" em vez de "100 pratas".

Argumento: ter muito mais coisas para contar.
↓
Conclusão: mandem 200 pratas.

Desse ponto de vista, o esquema inverte-se e a força passa a centrar-se no argumento. Essa é a estratégia utilizada por Zero: apresenta uma vantagem para o envio de um valor maior; essa vantagem constitui, dessa maneira, um argumento para o

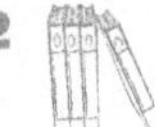

envio desse valor. O enunciado E1 *vou ter muito mais coisas pra contar* permite admitir o enunciado E2 *mande 200 pratas.*

Tópos

Para compreender o conceito de ***tópos***, vamos ler uma fábula de Esopo:

O CÃO E O PEDAÇO DE CARNE

Um cão atravessava o rio com um pedaço de carne na boca. Quando viu seu reflexo na água, pensou que fosse outro cão carregando um pedaço de carne ainda maior. Soltou então o pedaço que carregava e se jogou na água para pegar o outro. Resultado: não ficou nem com um nem com outro, pois o primeiro foi levado pela correnteza e o segundo não existia.
Cuidado com a cupidez.

Esopo. *Fábulas de Esopo.* Trad. Antônio Carlos Vianna. Porto Alegre: L&PM, 1997.

Na fábula que acabamos de ler, a moral apresenta, por meio de um enunciado cujo valor ilocucional é o de uma advertência, a conclusão *não seja ganancioso.* É como se o locutor dissesse: *Caro leitor, você corre o risco de tornar-se ganancioso, por isso, eu o advirto para que tome cuidado com a cupidez.*

Mas é a crença no valor negativo da ganância que permite e torna claro o percurso entre o argumento, apresentado nos fatos expressos na fábula – *o cão deseja, além do pedaço de carne que já possui, a carne que acredita ser de outro cão* – e a conclusão expressa pela moral.

O valor negativo que se atribui à ganância constitui um *tópos*, isto é, uma crença geral aceita pela sociedade.

O conceito de *tópos* tem origem na Retórica aristotélica e está ligado à ideia de *lugares comuns*, isto é, categorias formais de argumentos que têm uma aplicação geral. Eles constituem princípios gerais que servem de base para os raciocínios que permitem o acesso a uma conclusão, sem precisar estar expressamente ditos.

Se a conclusão está explícita, o *tópos* torna claro o percurso entre o argumento e a conclusão; se ela está implícita, ele é o princípio que permite o raciocínio que dá acesso a ela. O fato é que as argumentações apoiam-se em lugares comuns, ou regras de verossimilhança que determinam o que é aceitável como verdadeiro numa comunidade.

Desse ponto de vista, um predicado não faz referência apenas a uma propriedade do nome a que se liga, ele contém uma alusão a um "lugar comum" (*tópos*) que autoriza algumas conclusões numa determinada comunidade. Um *tópos* é assim definido como sendo um instrumento linguístico que liga algumas palavras, organiza os discursos possíveis e define os discursos aceitáveis, coerentes numa comunidade.

Podemos dizer, então, que um *tópos* está ligado às crenças comuns a uma coletividade que tornam possíveis os encadeamentos argumentativos.

Os provérbios, em geral, trazem implícita uma conclusão que apela a uma crença difundida na comunidade que o adota. Assim, por exemplo, o provérbio:

> Mais vale um pássaro na mão do que dois voando.

Traz implícita a conclusão *não se apegue a promessas incertas*.

É a crença, que vigora em nossa sociedade, de que o fato tido como certo, isto é, carregado de certeza, é mais seguro e, portanto, mais valioso do que o incerto que nos permite estabelecer a relação entre a afirmação contida no provérbio e a conclusão implícita a que ele conduz. É esse o *tópos* que está na origem da argumentação contida no provérbio.

Para Ducrot, o *tópos* constitui um princípio interno à própria língua e está ligado a um ponto de vista assumido por um enunciador. Assim, por exemplo, o enunciado:

Hoje vai fazer calor, o sol está brilhando.

traz um enunciador para quem *quanto mais brilhante for o sol, mais calor faz*. Esse é o seu ponto de vista, ou o *tópos*, que justifica a conclusão contida no enunciado acima.

A *Teoria dos Topoï* tem como preocupação a identificação do ponto de vista argumentativo do enunciador, a partir do qual ele justifica uma determinada conclusão.

Ducrot (1980b) define os *topoï* como graduais e apresenta como exemplo o enunciado:

O tempo está bom, vamos passear.

Segundo Ducrot, o enunciado contém o *tópos* que põe em relação a escala do *tempo bom* e a escala do *prazer*: quanto melhor estiver o tempo mais prazeroso será o passeio.

A gradação, para a Teoria dos *Topoï*, constitui um dos princípios fundamentais, uma propriedade decisiva da argumentação, o que possibilita e implica a existência de **escalas argumentativas**.

O conceito de escalas argumentativas permite avaliar os argumentos em termos de força, isto é, há argumentos que são mais fortes do que outros em relação a uma mesma conclusão. Nessa perspectiva, a argumentação não constitui um fenômeno absoluto, mas gradual.

Para mais informações sobre **operadores argumentativos**, veja em Koch (2006a).

Há elementos da língua responsáveis por indicar a gradação de força: são os **operadores argumentativos**.

Os operadores também indicam a direção para a qual apontam os enunciados, isto é, se eles estão orientados para uma mesma conclusão ou para uma conclusão oposta. Os enunciados que conduzem a uma mesma conclusão pertencem a uma **classe argumentativa**.

Assim acontece nos exemplos a seguir:

Vá ver esse filme. Tem uma história interessante, a fotografia é linda, os artistas são conhecidos e ele foi premiado.

Os enunciados
Tem uma história interessante
A fotografia é linda
Os artistas são conhecidos
Ele foi premiado
conduzem à mesma conclusão: *vá ver esse filme*. Por isso, dizemos que eles compõem uma classe argumentativa.

Pode acontecer, no entanto, que consideremos que o fato de o filme ter sido premiado seja um argumento mais forte em relação à conclusão *vá ver esse filme*. A língua portuguesa nos oferece palavras que marcam de forma explícita essa gradação:

Vá ver esse filme. Tem uma história interessante, a fotografia é linda, os artistas são conhecidos e ele *inclusive* foi premiado.

As noções de classe argumentativa e de escala argumentativa nos permitem organizar os argumentos de acordo com a sua força e os operadores argumentativos nos auxiliam na sinalização de nossas intenções, ou seja, nos permitem marcar os argumentos que consideramos mais fortes em relação a determinada conclusão de acordo com o contexto do enunciado.

Não raro, sentimos a necessidade de recorrer a mais de um argumento em favor de determinada conclusão, como se um apenas não bastasse para convencer nossos interlocutores. O fato é que o recurso a um conjunto de argumentos compondo uma classe argumentativa, sem dúvida, reforça a conclusão, pela quantidade, ao menos.

O texto a seguir traz vários argumentos a favor da conclusão de que o consumo de carne prejudica o planeta. Juntos eles compõem uma classe argumentativa, que destacamos no texto:

QUEM COME CARNE TODOS OS DIAS PREJUDICA MUITO O PLANETA?

DA REPORTAGEM LOCAL

Se uma pessoa comer, em média, 200 g de carne por dia, por 70 anos, isso vai somar mais de 5.000 kg de carne, ou o equivalente a 25 bois. Um estudo da Universidade de Twente, na Holanda, em parceria com a Unesco (Organização das Nações Unidas para a Educação, a

Ciência e a Cultura), *aponta que para produzir um quilo de carne são necessários 16 mil litros de água. Ou seja, serão consumidos mais de 80 milhões de litros de água para alimentar o hábito de uma só pessoa.*

Mas o impacto no ambiente não se resume apenas ao uso de recursos naturais. De acordo com um estudo de Odo Primavesi, da Embrapa Pecuária Sudeste, *cada animal pode gerar até 70 quilos de metano por ano.* O metano é um gás altamente poluente: tem 21 vezes mais capacidade de reter o calor dos raios solares do que o CO_2. Se cada boi viver três anos, os 25 bois terão liberado ao todo mais de cinco toneladas do gás na atmosfera, ao longo de 70 anos. Para neutralizar essa emissão, seria necessário o plantio de 736 árvores, segundo cálculos do site Iniciativa Verde.

Além disso, existe a questão do desmatamento da floresta amazônica. A pecuária é o principal vetor de desmatamento, de acordo com ambientalistas da ong WWF. "Hoje a atividade que mais ocupa área na Amazônia é a pecuária, onde se deu a maior expansão da atividade", diz Luis Laranja, 40, coordenador do programa de agricultura e meio ambiente da WWF. Mas, para eles, não se trata de parar de comer carne. "Existem formas de produzir mais em menos área, adotando práticas responsáveis, como a pecuária orgânica", diz Michael Becker, 33, coordenador do programa Pantanal para Sempre, do WWF. (CA)

Folha de S.Paulo, 8 mar. 2008.

Todos os parágrafos do texto contêm argumentos a favor da tese apresentada já no título sob a forma de pergunta. Quando os destacamos do texto, notamos que eles conduzem todos à mesma conclusão:

Argumento 1:	Para produzir um quilo de carne são necessários 16 mil litros de água. Ou seja, serão consumidos mais de 80 milhões de litros de água para alimentar o hábito de uma só pessoa.
Argumento 2:	Cada animal pode gerar até 70 quilos de metano por ano.
Argumento 3: ↓	A pecuária é o principal vetor de desmatamento.
Conclusão:	O consumo de carne prejudica muito o planeta.

O conjunto desses argumentos compõe uma classe argumentativa que conduz à conclusão: o consumo de carne prejudica muito o planeta.

Neste capítulo fizemos uma abordagem geral da Teoria da Argumentação na Língua, postulada por Anscombre e Ducrot (1997), a fim de expor o ponto de vista do qual encaramos o fenômeno da argumentação neste livro e apresentamos os principais conceitos utilizados pela teoria. Explicamos que a Teoria da Argumentação na Língua surgiu a partir do estudo dos conectores e mostramos como é visto o conector *mas*. Fizemos uma breve apresentação do conceito de leis do discurso, que dá suporte às interações; explicamos os conceitos básicos da Teoria dos Atos de Fala, sobre a qual se apoia, por exemplo, o conceito de ato de argumentar, entre outros. Delimitamos os conceitos de frase, enunciado, enunciação, locutor, enunciador. Apresentamos o conceito de *tópos* desenvolvido no quadro da Teoria da Argumentação na Língua. Procuramos, enfim, dar conta de alguns conceitos importantes para o trabalho que desenvolveremos nos próximos capítulos.

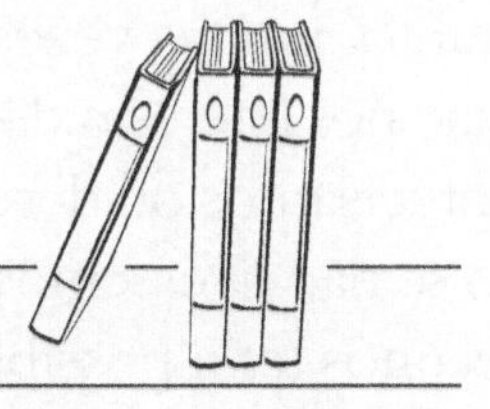

Pressuposição e argumentação

O conceito de pressuposição

Os enunciados sempre afirmam claramente alguma coisa ou, no vocabulário de Ducrot, **"põem"** alguma coisa. Assim, definimos como conteúdo **posto** de um enunciado aquilo que está claramente dito, como no exemplo:

> Paulo chegou tarde.

Dizemos que o enunciado acima "põe":

1. que Paulo chegou e
2. que sua chegada foi tarde.

Entretanto, muitas vezes, nos encontramos em situações nas quais não nos interessa dizer tudo abertamente. Há situações nas quais precisamos ou desejamos dizer e, ao mesmo tempo, fazer como se não tivéssemos dito, ou melhor, há situações nas quais desejamos ter a possibilidade de recusar a responsabilidade de ter dito; isso é possível por meio de formas implícitas.

São muitas as razões que justificam o emprego de formas implícitas: a existência de um impedimento em relação a determinada informação, o medo de ofender o interlocutor ou de gerar um constrangimento, um tabu dentro da comunidade de que participamos, entre outros motivos. Quantas vezes nos encontramos em situações nas quais, diante da necessidade de emitir uma opinião contrária à de nosso interlocutor, o fazemos de forma indireta!

Além disso, precisamos considerar um outro motivo para o emprego de implícitos: toda afirmação explicitada pode tornar-se tema de discussão e, por esse motivo, é passível de ser rebatida, contradita. Ao enunciar uma opinião ou uma ideia, automaticamente a expomos a possíveis críticas de nossos interlocutores.

A fim de evitar o confronto, procuramos formas de dizer que não exponham o conteúdo defendido à contestação. Em situações dessa natureza, podemos, ao "pôr" alguma coisa, deixar algo **implícito**; as formas implícitas cumprem a função dizer o que desejamos dizer sem que sejamos obrigados a assumir que dissemos.

Vejamos como isso funciona na prática.

Em 1984, Gilberto Gil escreveu uma música cuja letra traz as perguntas:

[...]
Por que alguém tem tanta inveja de você, meu amor?
[...]
Por que alguém tem de querer lhe negar valor?
[...]
Por que alguém tem de implicar com você?
[...]

GIL, G. *Todas as letras*. São Paulo: Companhia das Letras, 1996.

As perguntas na música de Gil trazem, respectivamente, como conteúdo pressuposto que *alguém tem inveja da amada do locutor*, que *alguém quer negar o valor da amada* e que *alguém implica com ela*. O questionamento que se apresenta ao leitor é apenas em torno dos motivos (*por que...?*).

Lembramos que para se perguntar sobre os motivos de determinado fato é preciso admitir a existência desse fato. Assim, ao perguntar sobre os motivos pelos quais alguém *inveje*, *negue o valor* e *implique* com sua amada, o locutor do texto assume como verdadeiro que há alguém que a *inveja*, *nega o seu valor* e *implica* com ela. Por meio da pergunta que traz como conteúdo pressuposto as afirmações, o locutor da canção não põe em discussão esses fatos, apenas os motivos deles.

Podemos separar em duas categorias os procedimentos de implicitação:

1. Os **discursivos**, que dependem do contexto de enunciação e de um raciocínio do interlocutor para serem reconstruídos;
2. Os **não-discursivos**, inscritos na significação dos elementos que compõem o enunciado.

Os primeiros, os discursivos, são os **subentendidos** e os segundos, os não-discursivos, são os **pressupostos**.

É importante deixar claro que essa divisão diz respeito ao reconhecimento do implícito. No que se refere ao uso de implícitos em nossos enunciados, devemos ter claro que eles sempre cumprem uma função nas interações verbais e, muitas vezes, são dotados de força argumentativa. Em suma, sejam subentendidos, sejam pressupostos, eles têm um papel discursivo inegável.

O subentendido não está inscrito no enunciado; ele depende de um raciocínio do interlocutor em torno do enunciado.

Conforme observa Ducrot, os **subentendidos** (1977, p. 20) "não fazem aparecer dispositivos interiores à língua, cuja função seria permitir a formação de significações".

Muitas vezes dizemos uma coisa para fazer entender outra, como, por exemplo, dizemos a alguém que sempre chega atrasado à aula:

– Pedro, você chegou cedo.
Pedro, sabendo que está constantemente em atraso, pode entender que o estamos acusando de estar sempre atrasado e responder:
– Você está dizendo que eu costumo me atrasar?

Diante dessa pergunta, podemos negar que tenhamos desejado dizer isso, uma vez que foi por meio de um raciocínio que Pedro chegou a tal conclusão. O enunciado não continha de fato essa informação e é por isso que podemos negá-la.

O **pressuposto**, ao contrário do subentendido, não depende apenas do raciocínio do interlocutor, uma vez que ele está inscrito na língua, no significado das frases que compõe o enunciado em que se encontra.

Já um enunciado que contém um pressuposto sempre encerra dois conteúdos, um posto e outro pressuposto. Dizemos, assim, que tal enunciado **põe** alguma coisa e **pressupõe** outra. O exemplo clássico de pressuposição é o enunciado:

Paulo parou de fumar.

Esse enunciado:
"**põe**" que Paulo não fuma e
"**pressupõe**" que Paulo fumava antes.

A expressão verbal "*parar de + verbo*" põe a negação da realização de uma ação e pressupõe a realização dessa ação anteriormente ao momento da enunciação.

Mas podemos dizer *Paulo parou de fumar* a uma pessoa que fuma muito e que tem Paulo como exemplo para, indiretamente, fazê-la entender que pensamos que ela deva também parar de fumar. Nesse caso, não foi dito diretamente que a pessoa deve parar de fumar, nem o enunciado pressupõe que ela deva parar de fumar, fato que apenas deixamos subentendido; o interlocutor pode ou não compreender como uma advertência.

Para apreender um conteúdo pressuposto é necessário recorrer à significação linguística. É por isso que Ducrot (1977) afirma que o pressuposto está inscrito na **língua**. Desse ponto de vista, todos os pressupostos que o sentido de um enunciado traz já estão previstos na significação de frase.

Kerbrat-Orecchioni (1986, p. 25) define **pressuposto** como sendo "todas as informações que, sem serem abertamente postas, ou seja, sem constituírem o verdadeiro objeto da mensagem, são, no entanto, automaticamente trazidas pela formulação do enunciado, no qual elas se encontram intrinsecamente inscritas, seja qual for a especificação do quadro enunciativo".

O reconhecimento do pressuposto não está ligado a uma reflexão individual do falante, mas inscrito na língua, ligado ao próprio enunciado. Ele vale em qualquer enunciado, independentemente de qualquer contexto.

Ducrot (1972, 1977 e 1984) defende que o fenômeno da pressuposição parece ter uma forte ligação com construções sintáticas e propõe restrições de caráter sintático para a determinação do pressuposto:

- os pressupostos de um enunciado se mantêm afirmativos na negação e na interrogação;
- a ligação de subordinação não atinge o pressuposto, mas somente o posto.

Testamos esses postulados em um exemplo, para mostrar como funciona o pressuposto. Tomemos o enunciado

> José continua doente.
> Posto → "José está doente"
> Pressuposto → "José já estava doente anteriormente à minha enunciação"

Quando negamos:

> José não continua doente.
> Posto → "José não está doente"
> Pressuposto → "José já estava doente anteriormente à minha enunciação"

Quando interrogamos:

José continua doente?
Posto → Eu não sei se José está doente ou não e solicito essa informação a meu interlocutor.
Pressuposto → José já estava doente anteriormente à minha enunciação.

Quando estabelecemos uma ligação de subordinação:

Eu não sei se José continua doente.
Posto → Expresso minha falta de conhecimento em torno do fato de José estar ou não doente.
Pressuposto → José já estava doente anteriormente à minha enunciação.

Podemos notar que, em todas as formas anteriormente apresentadas – negação, interrogação, e ligação de subordinação –, o pressuposto se manteve. Houve alteração apenas no conteúdo posto, o que comprova as regras de negação e da interrogação.

Os apoios linguísticos de pressuposição

Partindo da noção de que o fenômeno da pressuposição está inscrito na língua e faz parte do conteúdo do enunciado, apresentamos alguns apoios linguísticos da pressuposição:

- **Verbos factivos ou contrafactivos** – são aqueles que pressupõem a verdade (factivos) ou a mentira (contrafactivos) do conteúdo exposto no complemento do verbo, trazendo um julgamento do locutor em termos de verdadeiro/falso. O exemplo a seguir traz um verbo factivo:

José soube que Pedro não tinha sido convidado para a festa.

Saber, segundo o dicionário (Houaiss, 2001), significa *ter conhecimento de*. Para afirmar que alguém tem conhecimento de alguma coisa, precisamos tomar esta coisa como verdadeira, ou seja, o verbo *saber* pressupõe a verdade do conteúdo do complemento verbal. Assim sendo, temos:

Posto → José teve conhecimento de que Pedro não havia sido convidado para a festa.
Pressuposto → Pedro não foi efetivamente convidado.

- **Verbos de julgamento** – são verbos que implicam uma avaliação do objeto do processo pelo agente do processo, que pode ou não coincidir com o locutor. Constitui uma avaliação em termos de bom/mau.

Para exemplificar os verbos de julgamento, podemos trocar o verbo *saber* por *lamentar*, que, além de pressupor a certeza de que Pedro não foi convidado, também pressupõe, no entender do locutor do enunciado, que José avaliou como ruim o fato de Pedro não ter sido convidado.

José lamentou que Pedro não tenha sido convidado para a festa.

Não podemos deixar de observar, no entanto, que a fonte da avaliação *José avaliou como ruim* é o locutor do enunciado. Ele é o responsável pela escolha do verbo *lamentar*.

Assim, o enunciado

José lamentou que Pedro não tenha sido convidado para a festa.

nos traz os seguintes conteúdos:

Posto → José teve conhecimento de que Pedro não havia sido convidado para a festa.
Pressuposto 1 → Pedro não foi efetivamente convidado.
Pressuposto 2 → José avaliou como ruim o fato de Pedro não ter sido convidado.

- **Verbos implicativos** – são aqueles que estabelecem alguma relação de implicação referente ao fato expresso pelo verbo da oração a ele subordinada, como acontece no exemplo a seguir.

Pedro não conseguiu ser aprovado no concurso.

Posto → Pedro não foi aprovado no concurso.
Pressuposto → Houve tentativa por parte de Pedro para ser aprovado.

O verbo *conseguir* implica a tentativa para realizar a ação que o complementa.

No exemplo a seguir

Patrícia tentou nos convencer a vir com ela ao circo.

O verbo *tentar* põe que Patrícia empregou meios para obter o que desejava e pressupõe a negação dessa obtenção. Assim, por meio do emprego de tentar, afirmamos implicitamente que Patrícia não conseguiu o que desejava, ou seja, que fôssemos com ela ao circo. Temos então:

Posto → Patrícia empregou meios para nos convencer a ir com ela ao circo.
Pressuposto → Patrícia não nos convenceu a ir com ela ao circo.

- **Verbos de mudança de estado** (auxiliar aspectual) – são aqueles que pressupõem uma ação que vinha sendo praticada e foi interrompida, como exemplificado no enunciado que se segue.

Para a surpresa de todos, Pedro deixou de frequentar a casa de Isabela sem explicações.

Esse enunciado traz os seguintes conteúdos:

Posto → Pedro não frequenta a casa de Isabela.
Pressuposto → Pedro frequentava a casa de Isabela anteriormente.

Deixar de significa *cessar*; é um verbo de mudança de estado (auxiliar aspectual) e pressupõe uma ação que vinha sendo praticada, pois só podemos parar de fazer algo que estamos fazendo. No enunciado anterior, ao afirmarmos que Pedro deixou de frequentar a casa de Isabela, estamos pressupondo que ele vinha frequentando antes.

- **Verbos iterativos** – são aqueles que pressupõem que a ação expressa pelo verbo já havia acontecido anteriormente como, por exemplo, no enunciado:

João voltou aqui procurando por você.

O enunciado tem como conteúdo:

Posto → João esteve aqui procurando por você.
Pressuposto → João já tinha estado aqui procurando por você anteriormente.

- **Marcadores aspectuais ou iterativos** – são expressões temporais que marcam uma mudança ou que indicam que a ação expressa pelo verbo já havia acontecido antes. Vejamos um exemplo:

Maria não come mais doces para não engordar.

O enunciado pode ser assim descrito:

Posto → Maria não come doces.
Pressuposto → Maria comia doces.

A expressão "não... mais" pressupõe uma ação que era realizada anteriormente.

Observemos mais um exemplo:

João veio procurar você de novo.

Posto → João veio procurar você.
Pressuposto → João já tinha vindo procurar por você anteriormente.

A expressão *de novo* pressupõe a repetição de uma ação que já havia sido realizada.

Alguns marcadores temporais podem ainda pressupor que o fato expresso pelo verbo não acontecia e passa a acontecer. Assim, no diálogo a seguir, em que uma professora, por exemplo, diz ao aluno que costuma chegar atrasado:

Pedro, você chegou cedo!

Ao comentar que o aluno chegou cedo, a professora deixa subentendido que ele chega tarde; entretanto, se ela desejar deixar pressuposto que ele chega sempre tarde, pode dizer:

Pedro, hoje você chegou cedo.

O marcador temporal indica uma ação realizada pontualmente em *hoje.* O enunciado com *hoje* **põe** que Pedro chegou cedo hoje e **pressupõe** que, nos dias anteriores a hoje, Pedro chegou tarde. É o caráter pontual de *hoje* que atribui ao enunciado o conteúdo pressuposto.

- **Nominalizações** – consistem na transformação de uma frase num sintagma nominal. Assim, por exemplo, no enunciado que apresentamos a seguir:

A doença de Maria a impediu de estudar.

O sintagma nominal *a doença de Maria* corresponde à nominalização da frase *Maria está doente*. Esse conteúdo está, portanto, pressuposto no sintagma nominal:

Pressuposto → Maria está doente.

Especialmente quando a nominalização é fruto da derivação de adjetivo ou de verbo **avaliativo**, o substantivo derivado traz o valor avaliativo do verbo ou adjetivo de que derivou. Assim acontece, por exemplo, no enunciado:

Adjetivos e verbos **avaliativos** são aqueles que expressam um julgamento do locutor, positivo ou negativo.

A excelência de nossos serviços é nosso orgulho.
Pressuposto → nossos serviços são excelentes.

Ou então em:

A reclamação de Pedro deixou Maria aborrecida.
Pressuposto → Pedro reclamou de alguma coisa.

- **Epítetos não restritivos** – são adjuntos adnominais que não cumprem a função de restringir o sentido do substantivo que modificam, mas apenas de lhes acrescentar uma peculiaridade, como no exemplo a seguir:

Maria preparou a deliciosa receita que lhe ensinei.
Pressuposto → a receita é deliciosa.

- **Grupos nominais definidos** ou, como define Maingueneau (1996), **descrições definidas** – são grupos de palavras que têm por função apresentar uma definição ou uma especificação, como o enunciado a seguir, em que, por meio do grupo nominal, especifica-se algo em torno do substantivo que funciona como núcleo do grupo nominal, ou seja, sobre *namorada*:

A namorada do meu filho é psicóloga.
Pressuposto → meu filho tem uma namorada.

- **Relativas apositivas** – correspondem ao que a gramática tradicional chama de adjetivas explicativas. Elas têm por função explicar uma peculiaridade a respeito do seu antecedente, como no exemplo a seguir:

João, que é especialista em argumentação, vai ministrar uma palestra sobre o tema.
Pressuposto → João é especialista em argumentação.

As relativas apositivas são sempre assertivas e assumem o estatuto de um comentário do locutor, admitido por ele como verdadeiro, podemos dizer que elas contêm uma informação apresentada como um aparte e, por isso mesmo, não posto em discussão.

- **Construções clivadas** – são geralmente aquelas que contêm a expressão "é... que", como no exemplo a seguir:

Foi meu filho quem me deu este livro.
Pressuposto → eu tenho um filho.

- **Construções implicitamente clivadas** – correspondem às construções das quais podemos inferir uma operação de encaixamento do tipo "é... que", como no exemplo a seguir:

Paulo não competiu no campeonato de Ilhabela.

No exemplo, podemos inferir uma construção como:

Não *foi* no campeonato de Ilhabela *que* Paulo competiu.

Assim, podemos afirmar que o enunciado *Paulo não competiu no campeonato de Ilhabela* traz um conteúdo pressuposto.

Pressuposto → Paulo competiu em algum campeonato, não em Ilhabela.

- **Comparações e contrastes** – são as construções por meio das quais estabelecemos relações de semelhança ou de disparidade entre os elementos que a compõem. Vejamos um exemplo:

Maria não é tão boa bailarina quanto Mônica.
Pressuposto → Mônica é bailarina.

- **Interrogativas parciais** – são aquelas em que apenas um dos componentes do estado de coisas é desconhecido. Essas construções contêm partículas do tipo *quem, quando, por que, qual, quanto, onde,* que incidem sobre algo desconhecido, como no exemplo a seguir:

Quem telefonou?
Pressuposto → Alguém telefonou.

A pergunta apresenta como desconhecido apenas o nome da pessoa que telefonou, não pondo em questão que alguém tenha telefonado, fato pressuposto pela forma interrogativa. O exemplo a seguir traz uma outra forma de interrogativa parcial:

Quando vocês vão procurar Pedro?
Pressuposto → vocês vão procurar Pedro.

Os apoios linguísticos apresentados encontram-se, como defende Ducrot (1977), inscritos na significação das expressões. Alguns autores, entretanto, têm uma visão mais abrangente da noção de pressuposição. Levinson (1983, 1997), por exemplo, inclui no fenômeno de pressuposição fatos que dependem não apenas do conteúdo linguístico, propriamente, mas também, e especialmente, de sua interpretação em determinado contexto, de um raciocínio lógico do interlocutor em torno das leis do discurso.

Podemos dizer que Levinson trata de pressupostos do ponto de vista da conversação, que não são objeto de estudo da Teoria da Argumentação na Língua. Esse estudioso apresenta uma lista extensa de índices de pressuposição, da qual destacamos o exemplo:

- **Orações temporais** – As subordinadas temporais pressupõem a verdade do fato expresso por elas. Assim acontece no enunciado a seguir:

> Maria chorou de emoção *quando recebeu a notícia de sua aprovação no concurso público.*
> Pressuposto → Maria foi aprovada no concurso público.

O mesmo acontece no enunciado a seguir:

> Maria estudou muito *antes de ser aprovada no concurso público.*
> Pressuposto → Maria foi aprovada no concurso público.

Mas a mesma oração temporal não contém o pressuposto em um enunciado como:

Maria morreu *antes de ser aprovada no concurso público*.

Ducrot atualmente investiga o fenômeno da pressuposição do ponto de vista da Teoria dos Blocos Semânticos (TBS), teoria que apresentamos no capítulo "Um novo ponto de vista sobre a argumentação na língua".

Com base no exemplo anterior, podemos afirmar que a oração temporal não traz por si só um conteúdo pressuposto, pois ele pode se anular dependendo da principal.

Chamando a atenção para a necessidade de estudos mais aprofundados a respeito do fenômeno da pressuposição, Levinson (1983, 1997) questiona a lei da negação, mas ressalta a falta de uma teoria adequada para o pressuposto. Contrariando o postulado de Ducrot, que limita a pressuposição ao componente linguístico, o linguista americano sustenta que muitos pressupostos não se mantêm em contextos específicos. Admite, entretanto, que as inferências provenientes dos pressupostos parecem estar diretamente ligadas a certos aspectos da estrutura de superfície das expressões linguísticas.

Apresentamos a seguir um texto que contém exemplos de pressuposição:

UMA CIDADE, UM PROJETO: SUCESSO

O projeto para uma cidade imaginária é de um professor de escola estadual.

Em algumas situações, criatividade e boa vontade podem ser mais importantes na realização de um bom trabalho educativo usando a informática do que a infraestrutura.

Pelo menos é o que demonstra a experiência do professor de história Edélcio Fernandes, da escola estadual Lucas Roschel Raquinho. A escola fica em Parelheiros, um dos bairros mais pobres e afastados do centro, mas isso não o impediu de desenvolver em 2001 um projeto que foi considerado modelo pela Secretaria da Educação e foi apresentado como um dos três melhores do Estado em um congresso do Pro-info, o programa do Ministério da Educação de informatização das escolas.

Edélcio usou o software SIM City, em que o usuário *torna-se* prefeito de uma cidade imaginária, criada por ele mesmo, e tem de *enfrentar* as situações vividas por um administrador na vida real – violência, abastecimento, crescimento desordenado etc.

Para *tirar* a ideia do papel, o professor teve de *superar* algumas dificuldades: criar uma estratégia de trabalho comum com professores de outras áreas, dividir as salas (de 45-50 alunos) em grupos, pois a escola só tem dez computadores. "No começo foi difícil, porque os alunos não estavam acostumados. Mas valeu a pena, porque os trabalhos ficaram muito bons. O mais importante é que eles *começaram* a perceber coisas que nem desconfiavam que existiam." Um exemplo é o orçamento: os alunos não *sabiam* a origem dos recursos de uma cidade nem que para realizar obras, como instalar rede de esgoto e de água, é preciso ter dinheiro em caixa, oriundo de impostos e taxas. "Eles *ganharam* uma nova consciência, *percebendo* que existem responsabilidades e há uma relação de dependência entre as coisas." Paralelamente, tiveram de fazer pesquisas em livros e na internet para tomar suas decisões – escolher o tipo de energia que alimentaria a cidade, por exemplo. Este ano, ele pretende *continuar. Desta vez*, com a cidade construída, os alunos vão fazer um projeto com seus moradores. "Vamos tratar de tudo o que acontece dentro de uma casa", conta o professor. (M.A.)

O Estado de S.Paulo, 13 jan. 2002,
Caderno Especial Volta às Aulas

Grifamos no texto "Uma cidade, um projeto: sucesso" verbos que contêm pressupostos.

São verbos **factivos**, ou seja, que pressupõem a verdade do conteúdo enunciado, os verbos: saber e perceber. O emprego de *saber* pressupõe a verdade de que há uma "origem dos recursos de uma cidade" e que, "para realizar obras, como instalar rede de esgoto e de água, é preciso ter dinheiro em caixa, oriundo de impostos e taxas". O verbo *perceber* pressupõe a verdade de: "existem responsabilidades e há uma relação de dependência entre as coisas".

São **verbos de julgamento**: *enfrentar* e *superar*. *Enfrentar* implica um julgamento em relação a situações, o objeto do processo de superar. *Enfrentar situações* pressupõe que as situações envolviam dificuldades. O mesmo acontece com *superar*, que, além de pressupor a dificuldade, implica empenho, ou seja, uma ação no sentido de conseguir um resultado positivo. *Superar* é também um **verbo implicativo**.

São **verbos de mudança de estado**: *tornar, tirar, começar* e *ganhar*. Todos pressupõem uma ação que não acontecia e passa a acontecer, e *tirar*, ao contrário, pressupõe uma ação que acontecia e deixa de acontecer. *Tornar-se prefeito* pressupõe que o sujeito do verbo *tornar-se* não era prefeito anteriormente e põe que o é; *começar* pressupõe que as crianças não tinham uma série de percepções que passaram a ter a partir do projeto; *ganhar*, igualmente, pressupõe que as crianças tinham uma consciência diferente da que têm depois do projeto; tirar do papel pressupõe que o projeto estava no papel anteriormente e põe que foi posto em prática.

De acordo com Ducrot (1972, 1977 e 1984), o pressuposto se apresenta como tendo sido escolhido juntamente com o enunciado e, assim como o posto, ele faz parte do enunciado. Em função disso, ambos engajam a responsabilidade do locutor sobre o seu conteúdo, mas o pressuposto, além de engajar a responsabilidade do locutor, se apresenta como um conteúdo sobre o qual ele não abre mão, impondo-o ao interlocutor.

Como dito anteriormente, o **posto** é o que se afirma enquanto locutor; o **subentendido** é o que se deixa para o interlocutor concluir; o **pressuposto** é o que o locutor apresenta como comum aos dois participantes do diálogo, pois faz parte da língua, é partilhado por ambos. Na verdade, o conteúdo pressuposto constitui o conteúdo que o locutor assume como verdadeiro e sobre o qual não quer ser questionado. É um conteúdo que o locutor põe à margem da discussão e, por isso, não pode ser negado pelo interlocutor, apesar de ser por ele partilhado, por imposição.

No dia a dia, utilizamos com frequência conteúdos pressupostos para cercar nossos interlocutores, forçando-os a admitir algo que corresponde a nossas crenças. Assim é que, por exemplo, em uma entrevista de Anthony Garotinho à revista *Época*, publicada na edição de 3 de abril de 2000, o entrevistador perguntou ao então governador do Rio de Janeiro:

> O senhor *sabe* que automóveis alugados pela Cehab são de uma locadora que forneceu endereço falso na licitação?

O verbo factivo *sabe* pressupõe a verdade do fato enunciado pelo locutor (expresso pela oração objetiva "que automóveis alugados pela Cehab são de uma locadora que forneceu endereço falso na licitação"). Ora, ao perguntar se o governador sabe que tais automóveis eram de uma locadora que forneceu endereço falso na licitação, o entrevistador impõe ao governador admitir que a locadora tenha realmente fornecido endereço falso, mesmo que ele não estivesse ciente desse fato. O que importa é que o entrevistado admita como verdadeira a informação fruto da pressuposição.

Na fábula "A rosa e a borboleta", que apresentamos a seguir, o verbo factivo *ver* pressupõe a verdade dos fatos que foram *vistos* pelos personagens:

A ROSA E A BORBOLETA

Uma vez uma borboleta se apaixonou por uma linda rosa. A rosa ficou comovida, pois o pó das asas da borboleta formava um maravilhoso desenho em ouro e prata. Assim, quando a borboleta se aproximou voando da rosa e disse que a amava, a rosa ficou coradinha e aceitou o namoro. Depois de um longo noivado e muitas promessas de fidelidade, a borboleta deixou sua amada rosa. Mas ó desgraça! A borboleta só voltou muito tempo depois.

– É isso que você chama fidelidade? – choramingou a rosa.

– Faz séculos que você partiu, e além disso você passa o tempo todo de namoro com todos os tipos de flores. **Vi** quando você beijou dona Gerânio, **vi** quando você deu voltinhas na dona Margarida até que dona Abelha chegou e expulsou você... Pena que ela não lhe deu uma boa ferroada!

– Fidelidade!? – riu a borboleta – Assim que me afastei, **vi** o senhor Vento beijando você. Depois você deu o maior escândalo com o senhor Zangão e ficou dando trela para todo besourinho que passava por aqui. E ainda vem me falar em fidelidade!

Moral: Não espere fidelidade dos outros se não for fiel também.

Higton, Russel Ash Bernard (coord.). *Fábulas de Esopo.*
Trad. Heloisa Jahn. São Paulo: Companhia das Letrinhas, 1994, p. 86.

A rosa, ao criticar a atitude a borboleta, acusando-a de traidora, utiliza o **verbo factivo** *ver*, o que impede que a borboleta negue a verdade dos fatos que a rosa afirma ter visto.

O verbo *ver* põe que a rosa presenciou *a borboleta beijar dona Gerânio e dar voltinhas na dona Margarida* e **pressu-**

põe que esses fatos são verdadeiros, não admitindo que se questione essa verdade assumida pela rosa. Assim sendo, a borboleta não tem como negar a traição de que a rosa a acusa.

A borboleta, por sua vez, sem poder negar as acusações da rosa, segue a mesma estratégia utilizada por ela e, por meio do mesmo verbo *ver*, faz acusações à rosa, que também não tem como negar. O verbo *ver* **põe** que a borboleta presenciou *o vento beijar a rosa* e **pressupõe** a verdade desse fato.

É por essa razão que Ducrot (1984) sustenta que a pressuposição parece aprisionar o interlocutor num universo intelectual que ele não escolheu, mas que se apresenta como coextensivo ao diálogo, tirando-lhe a possibilidade de negá-lo ou questioná-lo. É também por essa razão que Maingueneau (1996) afirma que os pressupostos oferecem a possibilidade de serem usados para finalidades manipuladoras, um dos motivos para lhe conferir lugar de destaque nas interações verbais.

Considerando que o pressuposto não é um fato ligado à enunciação, mas inscrito na língua, somos levados a concluir que a língua, independentemente das utilizações que podemos fazer dela, constitui o lugar do debate e da confrontação das subjetividades por essência Essa é a ideia já defendida por Benveniste (1966 e 1974).

Por isso é que dizemos que um texto que contém pressupostos faz apelo a outrem e deve ser compreendido em relação a um destinatário. Sendo assim, pressupor não é dizer o que o interlocutor sabe, ou o que pensamos que ele sabe ou deveria saber. É, como afirma Ducrot, situar o diálogo na hipótese de que ele já o soubesse, uma vez que o locutor o apresenta como indiscutível.

Como, ao apresentar um conteúdo sob a forma de pressuposta, assumimos esse conteúdo como verdadeiro e não admitimos ser questionados sobre eles; dizemos que, num enunciado com pressupostos, eles são impostos ao interlocutor. Quando introduzimos uma ideia sob forma de pressuposto, fazemos como se nosso interlocutor não tivesse alternativa a não ser aceitá-lo.

Assim, o locutor que faz uso de um conteúdo pressuposto o apresenta como condição para que se prossiga a interação; com efeito, não é possível continuar o diálogo sem se admitirem os pressupostos.

Kerbrat-Orecchioni (1986) observa que os **pressupostos** são conteúdos que parecem emprestados de um discurso anterior e, por isso, são preafirmados, o que os torna impostos ao interlocutor.

Desse ponto de vista, podemos afirmar que a informação pressuposta determina o quadro no qual se desenvolverá o discurso ulterior. Ela não representa o tema desse discurso, mas a condição para que ele se encadeie na enunciação, dando continuidade à interação. Podemos dizer, então, que o pressuposto apresenta possibilidade de encadeamentos para os enunciados. Ducrot chama esse fenômeno de **lei de encadeamento** e defende que ele é responsável por definir a pressuposição.

Partindo da noção de imposição ligada ao pressuposto, Ducrot (1977 e 1984) propõe descrevê-lo como um ato de fala particular, considerando-o um tipo de ato de fala, o **ato ilocucional da pressuposição**.

Ducrot, 1972, 1977, p. 87. A partir desse ponto de vista, postula que o enunciado com **pressupostos** constitui uma fala suficiente para conduzir uma mudança no interlocutor.

Antes mesmo de Ducrot, Todorov (1970) já sustentara que o locutor apresenta o conteúdo pressuposto de uma frase como algo adquirido, incontestável, contrapondo-os aos conteúdos postos, que podem ser facilmente refutados. Por isso, o locutor tende a dissimular sob a forma de pressuposto a parte de sua mensagem que ele mais preza. Esse postulado de Todorov justifica a inclusão do pressuposto nas formas de manifestação da adesão do locutor a seu enunciado e de manifestação de uma direção argumentativa. Entretanto, essa adesão ocorre de uma forma implícita, o que muitas vezes dificulta a sua identificação. Ape-

> O **conhecimento linguístico** restringe-se ao sistema da língua; ele leva em conta os significantes textuais, cotextuais e paratextuais, para atribuir os significados dos enunciados de acordo com as regras constitutivas da língua. É ele que nos permite identificar os enunciados como pertencentes a uma determinada língua. De modo bem simples, é nosso conhecimento linguístico que nos possibilita dizer se uma pessoa está falando português ou não.

sar disso, como observa Maingueneau (1996, p. 93), "qualquer locutor que sabe o português pode, em princípio, identificar os pressupostos", uma vez que, para o seu reconhecimento, o indivíduo se apoia sobre seu **conhecimento linguístico**.

O que contribui para a identificação de um conteúdo pressuposto é, por conseguinte, o fato de ele estar ligado ao componente linguístico, isto é, à frase. O pressuposto é transmitido da frase ao enunciado na medida em que o enunciado deixa entender as condições de emprego da frase, da qual ele é a representação. Desse ponto de vista, podemos entender que o pressuposto pertence ao nível semântico da significação e sua determinação decorre de uma análise diversa à que descobre os subentendidos, por exemplo, que dependem do raciocínio do interlocutor.

O pressuposto é parte integrante do sentido dos enunciados, enquanto o subentendido diz respeito à maneira como esse sentido deve ser decifrado pelo interlocutor. Embora distintos, pressuposto e subentendido têm um ponto em comum: a possibilidade dada ao locutor de se retirar da fala, eximindo-se da responsabilidade dela. Na pressuposição, essa possibilidade reside no fato de que a informação pressuposta é colocada à margem do discurso. O locutor não pode ser atacado sobre ela, uma vez que o diálogo ulterior (projetado) não tratará dela. Constitui, assim, uma forte arma na argumentação.

Neste capítulo, exploramos o conceito de pressuposição, mostrando sua importância para a argumentação. Distinguimos os conceitos de pressuposto e subentendido e apresentamos alguns apoios linguísticos do fenômeno da pressuposição.

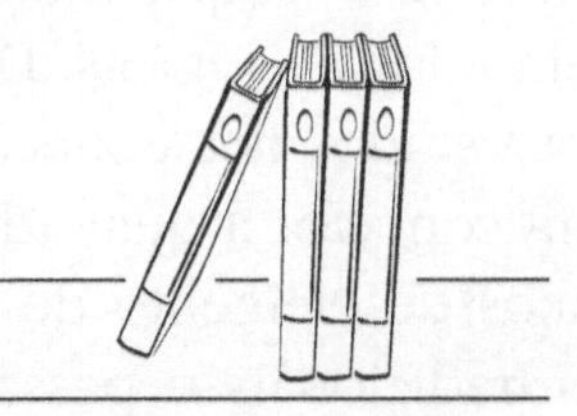

Articuladores e organizadores textuais e argumentação

A ligação entre os conectores e a argumentação é bastante conhecida; a Teoria da Argumentação na Língua, por exemplo, como lembra Plantin (1996), desenvolveu-se a partir da análise das "palavras vazias", ou seja, os conectores.

Como já mostraram Fávero (2006) e Koch (1996), entre outros, essas palavras, além de auxiliarem na construção da coesão de um texto, por marcar relações entre os elementos textuais que unem, estabelecem a coesão sequencial, sinalizam a argumentação. Por isso é que Koch (2006a) os denomina operadores argumentativos e Maingueneau (1996), conectores argumentativos. Eles correspondem também aos elementos de conexão que Fávero (2006) chama de operadores discursivos e Koch (1996) de encadeadores discursivos ou argumentativos.

Existem, portanto, palavras na gramática de uma língua que são responsáveis pela sinalização da argumentação. É importante que o produtor, ao elaborar seus enunciados e seus textos, tenha consciência do valor argumentativo dessas marcas para que as utilize com eficácia no seu próprio discurso e também as perceba no discurso de seus interlocutores.

Os conectores sempre foram vistos como elementos que estabelecem relações lógicas. Ducrot desenvolveu sua teoria a partir dos estudos dos conectores e propôs uma nova definição para conector a qual adotamos. Deixamos de defini-lo em termos de elemento de ligação, como acontecia nas gramáticas tradicionais e passamos a encará-lo como uma palavra de **ligação** e de **orientação**, isto é, que articula as informações e os argumentos de um texto. Entendemos que o elemento de conexão põe a informação do texto a serviço da intenção argumentativa. Desse ponto de vista, o sentido é entendido como conduzindo a uma determinada direção.

Classe argumentativa

Foi também Ducrot (1980b) que, com base em seus estudos em torno da direção argumentativa dos enunciados, propôs a noção de **classe argumentativa** (CA) e de **escala argumentativa** (EA), que retomamos aqui brevemente.

Koch (2006a) traz uma explanação dos conceitos de classe argumentativa e de escala argumentativa bastante esclarecedora.

A partir do estudo de *mesmo*, Ducrot (1980b) postula que um locutor coloca dois enunciados numa classe argumentativa se ele considera que esses dois enunciados podem servir como argumentos a favor de uma mesma conclusão. Definimos, dessa maneira, uma classe argumentativa, conforme explica Koch (2006b, p. 30), "como um conjunto de enunciados que podem igualmente servir de argumento para uma mesma conclusão".

Para convencer um amigo a nos acompanhar para assistir a um filme, podemos, por exemplo, usar os seguintes argumentos:

1. O enredo é interessante.
2. A fotografia é linda.
3. O filme foi contemplado com três Oscar.

O conjunto dos três argumentos compõe o que Ducrot (1980b) chamou de classe argumentativa. A língua nos oferece elementos para marcar os argumentos que compõem uma classe, ou seja, argumentos que conduzem para a mesma conclusão:

e
também
ainda
não só ... mas também
tanto ... como
além de
além disso
etc.

O artigo a seguir, publicado no jornal *Folha de S.Paulo*, ao defender a fiscalização eletrônica de placas como uma forma de atenuar a crítica situação do trânsito na cidade de São Paulo, nos fornece um exemplo de classe argumentativa.

> Câmaras ligadas a computadores conferirão as placas de carros que passam por determinadas vias, as compararão com bases de dados em tempo real e, caso se constate que o veículo está irregular, ele será parado pela polícia e apreendido. **Além de** melhorar a segurança, a fiscalização eletrônica terá o dom de combater mais uma modalidade de sonegação fiscal, pois muitos motoristas deixam de licenciar seus carros para não pagar o IPVA.
>
> *Folha de S.Paulo*, 16 maio 2005.

A expressão articuladora *além de* assinala que os dois argumentos apresentados no parágrafo compõem uma classe argumentativa, isto é, conduzem à mesma conclusão:

Argumento 1: Melhorar a segurança.
Argumento 2: Combater mais uma modalidade de sonegação fiscal.
↓
Conclusão: A fiscalização eletrônica deve ser adotada na cidade de São Paulo.

Mas Ducrot (1980b) foi além e observou, a partir da noção de força argumentativa, que, numa classe argumentativa, podemos estabelecer uma hierarquia entre os argumentos. Para Ducrot, na medida em que uma classe argumentativa comporta essa relação de ordem hierárquica, nós devemos chamá-la de escala argumentativa.

Com relação a uma determinada conclusão, há, portanto, argumentos mais fortes e argumentos mais fracos. Podemos organizar esses argumentos em uma escala argumentativa, e a língua também nos oferece os instrumentos para marcar essa escala. A escala argumentativa se estabelece, então, quando explicitamos, por meio de marcas linguísticas, uma hierarquia entre os argumentos de uma classe argumentativa.

A explicação de escala argumentativa proposta por Ducrot (1980b) é a seguinte:

> Um argumento p' é, para um locutor, mais forte que um argumento p, em relação a uma conclusão r se, do ponto de vista do locutor, aceitar p' como prova para r implica aceitar também p, mas não o inverso.

O que Ducrot quis dizer com essa explicação é que o locutor pode estabelecer uma hierarquia entre os argumentos de uma classe argumentativa, isto é, entre dois argumentos que conduzem a uma conclusão, um deles pode ser o mais forte.

O argumento mais forte inclui o mais fraco, ou seja, ao aceitar o mais forte, o locutor aceita também o mais fraco; no entanto, o fato de aceitar o mais fraco não quer dizer necessariamente que ele aceite juntamente o mais forte. Vejamos como funciona num exemplo prático:

> Oito dias se passaram. Pedro Baila por várias vezes já andara em frente da casa para saber notícias do Sem-pernas, que tardava a voltar ao trapiche. Já havia *tempo mais que suficiente* para que o Sem-pernas soubesse onde se quedavam todos os objetos facilmente transportáveis da casa e as saídas que podiam auxiliar a fuga.
>
> AMADO, J. *Capitães da areia*. São Paulo: Companhia das Letras, 2008, p. 129.

No exemplo, destacamos *tempo mais que suficiente*, com o que podemos comparar *tempo quase suficiente.*

Tempo mais que suficiente constitui um argumento mais forte do que *quase suficiente* em relação ao tempo para o Sem-pernas saber onde quedavam os objetos da casa. *Mais que suficiente* inclui *quase suficiente*, mas o inverso não é verdadeiro, o que se realiza em um *tempo quase suficiente* não é o mesmo que se realiza em *tempo mais que suficiente.* O argumento mais forte inclui o mais fraco, mas o inverso não é verdadeiro.

É preciso ressaltar, no entanto, que, conforme observa Ducrot (1980b), a decisão em torno de uma classe ou de uma escala argumentativa em relação a uma conclusão cabe inteiramente ao locutor. Ao construirmos nossos discursos, elegemos os argumentos que consideramos válidos para uma determinada conclusão, em determinado contexto, e avaliamos, de acordo com nossas crenças, quais são os argumentos mais fortes ou mais fracos para a conclusão a que visamos. Essa é, portanto, uma avaliação que depende do locutor; a língua apenas oferece os meios de marcar sua decisão. Por isso é que podemos dizer que, ao marcar a hierarquia numa escala argumentativa, o locutor assume um posicionamento diante do conteúdo de seu enunciado.

A responsabilidade do locutor sobre a determinação de uma escala argumentativa é que torna esse conceito válido. Isso quer dizer que não podemos assumir como verdadeira qualquer escala argumentativa, ela sempre está relacionada com a situação de enunciação e com as intenções do locutor. Além disso, ela somente é válida para o contexto específico. O que é geral em relação à escala são os elementos linguísticos que nos permitem marcá-la. E é marcando-a que o locutor explicita que estabeleceu uma hierarquia de valores argumentativos entre os argumentos por ele selecionados.

No exemplo a seguir, na publicidade do Multiprocessador Brastemp, o locutor encadeia uma classe de argumentos:

Multiprocessador Brastemp. Mais um lançamento da Linha Brastemp Professional Quality.

Multiprocessador você conhece. Agora, um multiprocessador que é assim uma Brastemp, esta é a primeira vez. Comece pelo design: robusto e moderno ao mesmo tempo. Agora o desempenho: são 600 watts de potência, lâminas Sabatier, uma das melhores do mundo, que nunca perdem o fio, cortam, misturam, fatiam e liquidificam como você nunca viu. E os controles? Não tem botão, o sistema é eletrônico. E ainda possui uma completa linha de acessórios. Só podia mesmo ser assim uma Brastemp.

A classe está articulada pelo encadeamento que se inicia com *Comece pelo design.* O segundo elemento da escala se inicia *Agora o desempenho.* Por último, o locutor apresenta a pergunta *e os controles?*. Todos esses elementos encadeados conduzem à conclusão: só podia mesmo ser uma Brastemp.

O locutor poderia tê-los organizado numa escala, explicitando a hierarquização dos argumentos:

Multiprocessador Brastemp. Mais um lançamento da Linha Brastemp Professional Quality.

Multiprocessador você conhece. Agora, um multiprocessador que é assim uma Brastemp, esta é a primeira vez. Ele tem um design robusto e moderno ao mesmo tempo. Mas não é só; inclusive o desempenho é fantástico: são 600 watts de potência, lâminas Sabatier, uma das melhores do mundo, que nunca perdem o fio, cortam, misturam, fatiam e liquidificam como você nunca viu. Além do mais, não tem botão, o sistema é eletrônico. E ainda possui uma completa linha de acessórios. Só podia mesmo ser assim uma Brastemp.

Podemos dizer que, no texto, os argumentos em favor do multiprocessador Brastemp estão assim hierarquizados:

Argumento 1: Ele tem um design robusto e moderno ao mesmo tempo.

 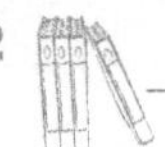

Argumento mais forte:

Argumento 2: Inclusive o desempenho é fantástico: são 600 watts de potência, lâminas Sabatier, uma das melhores do mundo, que nunca perdem o fio, cortam, misturam, fatiam e liquidificam.

O argumento decisivo:

Argumento 3: Além do mais, não tem botão, o sistema é eletrônico.

Apresenta ainda um argumento a mais, excedente:

Argumento 4: Possui uma completa linha de acessórios.

A propaganda, ao não marcar uma escala, estabelece uma equivalência entre os argumentos e deixa ao leitor a liberdade para hierarquizá-los conforme suas crenças, suas prioridades. É uma estratégia também eficiente, pois não impõe ao leitor uma hierarquia com a qual ele pode não concordar, o que implicaria um enfraquecimento da força argumentativa do texto.

Fica claro, assim, que nem sempre é interessante mostrar a nossos interlocutores a hierarquia de argumentos. Essa é uma decisão que depende dos objetivos do locutor e do contexto.

Conforme apresenta Koch (2006a, pp. 31-2), os marcadores argumentativos que assinalam o argumento mais forte de uma escala, normalmente, são:

até mesmo até mesmo inclusive

Não vamos mais ao parque, o tempo está feio, está ventando e até chovendo.
Tempo feio---------ventando----------chovendo

No enunciado, o emprego do marcador *até* assinala que o argumento avaliado pelo locutor como sendo o mais forte em relação a *ir ao parque* é chover.

Vale observar também o emprego de *até* no encadeamento construído no depoimento de uma informante para um livro sobre a cozinha dos imigrantes na cidade de São Paulo, assinalando o argumento mais forte:

Tanta coisa eu gostava... *até* de ficar doente, com gripe, porque aí ficava de cama e minha mãe fazia um zabaione com bolachinhas de amêndoas para mim.

HECK, Marina; BELLUZO, Rosa. *Cozinha dos imigrantes memórias & receitas.* São Paulo: Executiva, 1998, p. 37.

Zabaione com bolachinhas de amêndoas é tão gostoso que justifica ficar doente.

Há também marcadores responsáveis por assinalar o argumento mais fraco de uma escala. Eles são:

no mínimo
ao menos
pelo menos

Em sentença judicial, o juiz declara:

[...] quando de sua vistoria ao local, confirmou o experto as versões dos Drs. Odair e Osmar, afirmando que os depoimentos obtidos no local indicam que os autores é que detêm a posse da área em questão, *pelo menos* há 10 (dez) anos. Segundo o perito, a referida área se encontrava perfeitamente caracterizada na ocasião da vistoria e se mostrava coincidentemente com aquela descrita na petição inicial e nos documentos aquisitivos dos autores.

Sentença proferida por Juiz de Direito da 1ª Vara da Comarca de São Sebastião/SP, processo n. 88/82.

Há, também, segundo Koch (2006b), os marcadores cuja função é indicar o argumento decisivo:

aliás
além do mais

Novos conceitos

Por mais que pareça, esta cadeira não é de madeira. É de papelão prensado. *Aliás*, não só este como nenhum outro móvel ou objeto fabricado pelo estúdio Superlimão, de São Paulo, é óbvio.
A especialidade desse grupo de designers é fazer uma releitura de materiais do cotidiano, transportando-os para produtos de desenho moderno e arrojado, sempre com a preocupação de utilizar matérias-primas sustentáveis. Plástico de segunda mão (nada de PVC, que tem um processo de reciclagem muito poluente), bobinas de papel descartadas e papelão de reflorestamento são exemplos.

SANTOS, Priscilla. Revista *Vida Simples*, set. 2007, edição 66, São Paulo, Abril, p. 71.

Ainda, conforme expõe Koch (2006b), existem os marcadores que indicam que os argumentos apresentados estão orientados para a mesma conclusão, isto é, compõem uma classe argumentativa:

e
também
nem
tanto ... como
não só ... mas também
além de
além disso

Segundo Koch (2006b), temos também o marcador que apenas indica um argumento suplementar:

ainda

Para um estudo mais aprofundado dos marcadores argumentativos, remetemos a Koch (2004, 2006a e 2006b).

Modificadores realizantes e desrealizantes

Ducrot (1998) mostrou também que podemos reforçar, atenuar, e até mesmo inverter a força argumentativa dos predicados de um enunciado por meio de modificadores. Modificador é uma palavra ou expressão que pode modificar o *tópos* de um predicado.

O modificador pode reforçar o valor contido no enunciado, como no exemplo a seguir:

> Acometida por uma **terrível** *crise* de insônia logo que cheguei a Pequim, decidi recorrer à medicina tradicional chinesa e à acupuntura antes de me render às tarjas pretas. Eu já era adepta da acupuntura no Brasil, mas nunca havia feito na China, mesmo tendo morado aqui durante um ano entre 2004 e 2005.
>
> TREVISAN, Cláudia."Chinesisses". Blog Estadão. Disponível em <http://blog.estadao.com.br/blog/claudia/?m=200803>. Acesso em 30 mar. 2008.

O adjetivo *terrível* é um modificador que intensifica a *crise de insônia*, pois *terrível* aumenta a força negativa contida em *crise*; reforça o *tópos* negativo ligado a crise. *Terrível crise* tem a mesma orientação argumentativa que *crise*, e uma força argumentativa superior a *crise* sozinha.

Ducrot chamou os modificadores que reforçam o valor contido no enunciado de **modificadores realizantes** (MR).

> **Realizante** nos remete ao verbo *realizar*, que, segundo o dicionário Houaiss (2001), significa "fazer que tenha uma existência concreta".

Assim como algumas palavras podem atuar sobre os predicados, fazendo aumentar a força argumentativa, outras modificam sua força argumentativa, fazendo-a diminuir. O seguinte excerto de uma reportagem jornalística sobre o uso de satélites para transmissão de fotos de lavouras nos permite observar uma palavra que atenua a força argumentativa:

A tecnologia envolve a geração de mapas de produtividade a partir de imagens obtidas por satélites. Com esses dados, o produtor vê no mapa pontos onde há *menor* produtividade e investiga, no campo, o problema.
[...]
Segundo o pesquisador, áreas muito extensas *dificilmente* têm o mesmo potencial. "A vantagem da tecnologia é que o produtor localiza pontos deficientes para uniformizar a produção", explica. "É uma maneira de mapear o solo e corrigir o problema no local certo".

Yoneya, Fernanda *O Estado de S. Paulo*, 4 jun. 2008.

Desrealizante contém o prefixo *des-* que marca a negação de realizante (Houaiss, 2001, p. 2392).

O modificador *menor* atenua a força argumentativa contida em *produtividade*; *menor produtividade* é argumentativamente inferior a *produtividade*. Dizemos, então que *menor* atua como um **modificador desrealizante** (MD) em relação a *produtividade*.

No texto anterior, a palavra *dificilmente* atua como desrealizante para *mesmo potencial*, invertendo a argumentação de *mesmo potencial*, pois ao dizer que as áreas *dificilmente têm o mesmo potencial*, a jornalista está conduzindo à conclusão inversa de *mesmo potencial* e equivale a negar a igualdade de potencial.

Desse modo, determinada palavra pode ser considerada um modificador desrealizante em relação a outra palavra se o sintagma em que se encontram as duas palavras juntas tem uma orientação inversa ou uma força argumentativa inferior à da segunda palavra.

Diremos, ao contrário, que uma palavra é um modificador realizante quando a combinação das duas palavras tem a mesma orientação argumentativa da segunda e uma força argumentativa superior a ela.

Em suma, o modificador é realizante para um predicado quando ele reforça a aplicação do *tópos* ligado àquele predicado e, inversamente, desrealizante quando ele constitui um obstáculo para a aplicação do *tópos* que constitui o predicado dessa palavra.

É importante deixar claro, no entanto, que o modificador realizante não tem necessariamente um valor positivo. Como vimos no exemplo apresentado anteriormente, o modificador realizante intensifica o valor negativo de *crise*. Isso quer dizer que o modificador realizante pode intensificar tanto um valor negativo quanto um positivo; e o desrealizante, por sua vez, pode atenuar, igualmente, tanto um valor positivo quanto negativo.

No texto a seguir, por exemplo, o realizante reforça o valor positivo contido no elemento sobre o qual recai sua força:

COROLLA FIELDER

O Corolla Fielder é perfeito para acompanhar seu dia a dia: levar os filhos à escola, ir para o trabalho, ir para a academia ou curtir o fim de semana. Seu espaço interno e sua *excelente* dirigibilidade oferecem *mais* segurança e conforto para você e todos os passageiros. Além disso, o Corolla Fielder possui exclusiva tecnologia VVT-i Flex, que garante muito *mais* economia e performance. E ainda tem 3 anos de garantia Toyota*. Todas essas qualidades explicam o fato de o Corolla Fielder ser líder *absoluto* em vendas em sua categoria desde o lançamento**. Procure uma concessionária Toyota e deixe um Corolla Fielder fazer parte da sua vida.

Revista *Vida Simples*, edição 57, São Paulo, Abril, set. 2007, p. 10.

Os atributos do automóvel são reforçados por meio de modificadores realizantes que expressam uma avaliação, aumentando a carga positiva contida no atributo: a *dirigibilidade* é reforçada por *excelente*, a *segurança* e a *economia* são intensificadas por *mais*, e *líder* é reforçado por *absoluto*.

O modificador desrealizante pode ainda ser **atenuador** se ele mantiver a orientação argumentativa, mas apenas para atenuar, enfraquecê-la ou pode ser **inversor**, se ele inverter a orientação argumentativa, caso em que, segundo Ducrot (1998), equivale a uma negação.

O excerto a seguir nos permite observar essa distinção:

> A comida japonesa também tem toda uma maneira de se apresentar. Por exemplo, o *oniguiri* é feito com bolinhos de arroz branco, sem tempero, só com *um pouco* de sal, moldados no formato triangular.
>
> HECK, Marina; BELLUZO, Rosa. *Cozinha dos imigrantes memórias & receitas*. São Paulo: Executiva, 1998, p. 73.

No texto, *um pouco* funciona com um modificador desrealizante atenuador para *sal*. O emprego de *um pouco* denota que há uso de sal, mas um uso atenuado.

A troca de *um pouco*, por *pouco*, por exemplo, altera o sentido do texto:

> A comida japonesa também tem toda uma maneira de se apresentar. Por exemplo, o *oniguiri* é feito com bolinhos de arroz branco, sem tempero, só com *pouco* sal, moldados no formato triangular.

No enunciado, o que está dito é que praticamente não se usa sal na receita de oniguiri. Pouco funciona como modificador desrealizante inversor, isto é, o uso de sal na receita fica praticamente negado, ou é, pelo menos, insuficiente. Há, em *pouco*, um valor de negação mais forte do que em *um pouco*.

Ducrot (1995) explica que, na maioria dos casos, é o enunciado que vai determinar se o modificador a ele ligado é realizante ou desrealizante. Entretanto, segundo Ducrot, essas noções gerais permitem caracterizar, por exemplo, o modificador *muito* sempre como realizante (MR) e, *pouco* e *um pouco* como desrealizantes (MD), isto é, seja qual for o enunciado em que eles se encontram, eles sempre vão atuar assim.

Ducrot (1995) defende, além disso, que *pouco* funciona como inversor, e *um pouco* como atenuador. Assim sendo, a substituição de *um pouco* por *pouco* vai inverter o valor argumentativo, orientando-o para conclusões opostas.

No texto a seguir, outra combinação permite ver o mesmo valor atenuador de um pouco:

EMPREGO

A possibilidade de conseguir aquele emprego deixou-a *um tanto* nervosa, excitada. Parou na porta da empresa e **todo** seu conhecimento pareceu ter desaparecido. Arrumou a saia, mexeu nos cabelos, levantou o rosto, tentou expressar um ar de superioridade e confiança. Entrou no prédio, identificou-se para a recepcionista, retirou o currículo da pasta e subiu as escadas, conforme lhe foi indicado. Apertou o botão do elevador e desceu no 13º andar. Virou à direita, andou tentando parecer calma pelo longo carpete verde, parou em frente à sala, leu o bilhete preso à porta: *Vaga preenchida!*

HELLMEISTER, M. A. "Emprego". In: ROSSATTO, E. (org.) *Expresso 600 61 Microcontos*. São Paulo: Andross, 2006, p. 51.

No conto, *um tanto* cumpre a função de desrealizante atenuador em relação ao adjetivo nervosa. Já o pronome *todo* cumpre a função de realizante, reforçando o desaparecimento de seu conhecimento. Não foi parte ou um pouco de seu conhecimento que pareceu ter desaparecido, mas todo ele. O realizante reforça a tensão que a situação representa.

Em depoimento no livro sobre hábitos alimentares de imigrantes italianos, o emprego de modificadores realizantes, intensificando ora o substantivo subjetivo, ora o adjetivo, reforça a importância da alimentação na família italiana:

> Se falo da cozinha da minha infância com *tanta saudade* é porque esse espaço foi o centro das relações familiares. Nós tínhamos, por exemplo, um horário *absolutamente rigoroso* de almoço. Meu avô fazia questão de ouvir, já sentado em seu lugar, as badaladas do meio-dia do Mosteiro de São Bento, transmitidas pelo rádio. Se por acaso não estivesse à mesa naquele momento, sentia-se amargurado. A cozinha tinha *forte ligação* com hábitos trazidos da Itália por meu avô.
>
> HECK, Marina; BELLUZO, Rosa. *Cozinha dos imigrantes memórias & receitas*. São Paulo: Executiva, 1998, p. 46.

O modificador desrealizante inversor, conforme já explicamos, inverte a orientação contida no enunciado em que se insere. Assim, por exemplo, funciona no enunciado a seguir:

> *Tenho um problema cuja solução é difícil* → logo, tenho grandes chances de não conseguir solucioná-lo.

No enunciado, o modificador *difícil* inverte a orientação de *solução para problema*, conduzindo à conclusão de que podemos não conseguir solucionar o problema. Ao acrescentar ainda o modificador desrealizante inversor *pouco* (pouco difícil), obtemos uma nova fórmula:

> *Tenho um problema cuja solução é pouco difícil.*
> *Tenho um problema cuja solução é pouco difícil* → logo, tenho grandes chances de conseguir solucioná-lo.
> *Tenho um problema cuja solução é pouco difícil* → mas, há a possibilidade de não conseguir solucioná-lo.

O resultado obtido pelo acréscimo de um novo modificador desrealizante inversor é que se operou uma inversão diferente sobre o todo. Entretanto, se, ao contrário, acrescentarmos o modificador desrealizante atenuador *um pouco*, o resultado obtido será diferente:

> *Tenho um problema cuja solução é um pouco difícil.*
> *Tenho um problema cuja solução é um pouco difícil* → logo, há a possibilidade de não conseguir solucioná-lo.
> *Tenho um problema cuja solução é um pouco difícil* → mas é possível que consiga solucioná-lo.

Certamente há várias possibilidades de combinações entre modificadores realizantes e desrealizantes, cada uma delas implicando efeitos de sentido diferentes. Ao estudioso e ao redator atento, cabe verificar com atenção como os enunciados se organizam, qual a orientação argumentativa e como esses elementos funcionam gerando efeitos de sentido.

Conforme ressalta Ducrot, o que importa é observar que essa combinação mantém a mesma orientação argumentativa do enunciado com o atenuador apenas. No excerto a seguir, por exemplo, o narrador personagem utiliza um modificador desrealizante, indicando que seu trabalho na investigação que realiza não será fácil; o desrealizante *falsas* inverte a possibilidade de resolução dos *mistérios* contida em *pistas*, o que fornece ao leitor informações sobre como se desenrolará essa ação de investigação, preparando-o para a continuidade da leitura:

> Era o meu terceiro dia na fortaleza. Izidine se afundava em hesitação. Os depoimentos dos velhos o lançavam por *pistas que pareciam falsas* mas que ele não podia ignorar. Aqueles idosos eram testemunhas essenciais mas era de Marta Gimo que devia obter as suculentas informações.
>
> Couto, Mia. *A varanda do Frangipani.* São Paulo: Companhia das Letras, 2007.

Vale ressaltar ainda o emprego do conector *mas*, cuja função argumentativa exploramos no capítulo "A argumentação na língua".

Se acrescentarmos um atenuador ao exemplo anterior, teremos um atenuador e um inversor combinados:

> Era o meu terceiro dia na fortaleza. Izidine se afundava em hesitação. Os depoimentos dos velhos o lançavam por *pistas que pareciam [meio] falsas* mas que ele não podia ignorar. Aqueles idosos eram testemunhas essenciais mas era de Marta Gimo que devia obter as suculentas informações.
>
> Couto, Mia. *A varanda do Frangipani.* São Paulo: Companhia das Letras, 2007.

No exemplo, a combinação do atenuador *meio* com o inversor *falsas* não modificaria o caráter inversor que já existe no texto original, mas o enfraquece. O segundo texto contemplaria, assim, mais possibilidades de resolução do mistério do que o primeiro.

Organizadores textuais

Koch (2006c) observa que os articuladores textuais podem ter diversas funções: marcar as relações espaciais e temporais; organizar e estruturar a linearidade do texto; introduzir relações discursivo-argumentativas; marcar a presença de comentários sobre a própria enunciação.

Na leitura e na escrita, são muito importantes os organizadores textuais, ou articuladores, cuja função, conforme ressalta Maingueneau (1996, p. 63), é organizar as partes do texto a fim de facilitar o tratamento interpretativo, vinculando unidades semânticas e, ainda, conferindo *um papel argumentativo às unidades que relacionam.*

Estamos acostumados a relacionar argumentação a articuladores como conjunções do tipo conclusivas, causais ou consecutivas, que tradicionalmente marcam uma relação de conclusão ou causa/efeito; ou as do tipo adversativas ou concessivas, que marcam relações de oposição em relação à conclusão a que um enunciado conduz.

Considerando que as tradicionais conjunções são exploradas por muitos autores, dos quais podemos citar Koch (1996; 2006b; 2006c; 2006a) Fávero (2006), Guimarães (2001), Maingueneau (1996) e também pelas gramáticas como em Vilela (1999), Vilela e Koch (2001), Mateus et al. (2003), Bechara (1999), Neves (2000); não abordaremos aqui as clássicas conjunções cujo valor argumentativo esses autores já exploram e aos quais remetemos os interessados em aprofundar o estudo das conjunções. Voltamos nossa atenção a outros elementos da organização textual aos quais podemos atribuir força argumentativa que se acrescenta à relação que eles normalmente estabelecem; são articuladores textuais que, em determinados contextos, marcam um posicionamento do locutor diante do enunciado. Podemos citar como exemplo desses elementos os marcadores temporais.

Marcadores temporais e argumentação

Os marcadores temporais têm por função básica organizar o **tempo**, função desempenhada especialmente pelos advérbios de tempo, mas também pelas conjunções e preposições de valor temporal, pelos tempos verbais, pelas orações temporais. Entre os marcadores temporais, alguns têm valor semântico de concomitância (simultaneidade):

> *Enquanto* o vento do outono fazia cair as últimas folhas, a cigarra continuava a cantar, e as formigas seguiam trabalhando a fim de acumular provisões para proteger-se do frio.
>
> Samaniego, F. M. *A cigarra e a formiga*. São Paulo: Maltese, 1993.

Na fábula *A cigarra e a formiga*, a conjunção *enquanto* iniciando a oração temporal marca a simultaneidade entre a ação do vento do outono e a continuidade do canto da cigarra.

Podemos, no entanto, utilizar um marcador de concomitância para identificar, além da simultaneidade dos fatos, um contraste entre eles, apresentando-os como argumentos que conduzem a conclusões diferentes, como em:

Enquanto as formigas trabalhavam para acumular provisões para o inverno, a cigarra cantava à sombra de uma árvore.

SAMANIEGO, F. M. *A cigarra e a formiga.* São Paulo: Maltese, 1993.

O emprego de *enquanto,* no exemplo, além de expressar a concomitância entre as ações da cigarra e da formiga, estabelece uma comparação entre as ações de ambas e chama nossa atenção para o valor positivo de uma e o negativo de outra. De forma igual, podemos dizer, por exemplo, a respeito de dois estudantes que prestarão o vestibular para Medicina:

Nos fins de semana, *enquanto* Pedro estuda, Lara vai à balada.

Não há dúvida de que o advérbio *enquanto* mostra ao interlocutor que estudar e ir à balada são ações que acontecem simultaneamente, durante os fins de semana. Entretanto, o emprego de *enquanto* também marca uma oposição entre as ações e indica um julgamento do locutor. Podemos observar melhor a diferença eliminando o marcador temporal do enunciado:

Nos fins de semana, Pedro estuda e Lara vai à balada.

Ao empregar *e* o locutor não marca a relação de oposição entre as duas ações, não expressa julgamento, pois não estabelece uma comparação, como acontece no enunciado que contém *enquanto.* O emprego de *e* confere à articulação dos conteúdos enunciados um valor de mera adição das ações de Pedro e Lara.

Há marcadores temporais que estabelecem a anterioridade de um fato em relação a outro:

O trem chegou dois minutos antes que o outro apitasse a partida.

Também os elementos que marcam a anterioridade podem ter acrescido a esse valor um valor pragmático com força argumentativa, como acontece nos dois enunciados a seguir:

Joana saiu antes que Pedro chegasse.
Antes que alguém reclamasse, Joaquim apresentou todas as justificativas.

Nos dois exemplos anteriores, tendemos a interpretar o emprego de *antes que* como indicando, além da anterioridade, uma relação de causalidade que confere um valor argumentativo ao enunciado: a iminente chegada de Pedro motivou a saída de Joana assim como Joaquim apresentou justificativas a fim de evitar reclamações.

Vejamos como acontece ainda com os marcadores temporais *até que, agora que*:

Brincou até que foi repreendido.

No enunciado, *até que*, além de marcar o tempo, evidencia uma relação entre brincar e ser repreendido, em que brincar se apresenta como o motivo da repreensão.

Vejamos outro exemplo de marcador temporal que apresenta além do valor semântico temporal, um valor argumentativo:

> Agora que está levando os estudos a sério, certamente você conseguirá boas notas.

No exemplo, *agora* introduz um argumento a favor de conseguir boas notas. Além disso, devemos considerar o pressuposto contido em agora. Ao dizer *Agora que está levando os estudos a sério*, o locutor põe que seu interlocutor está levando os estudos a sério e pressupõe que anteriormente ele não levava os estudos a sério.

Ressaltamos ainda que a própria organização do texto, para a qual o locutor hierarquiza as informações de acordo com suas intenções pode ser explicitada por elementos de conexão que, além de organizar a linearidade do texto, estabelecem um percurso de leitura, marcando-o argumentativamente.

> Vilela e Koch (2001, p. 252) observam que esses elementos de conexão *incidem no dizer* e *implicam uma ordenação discursiva*. São palavras e expressões como *primeiramente*, *em primeiro lugar*, *finalmente*, *depois*, *antes*, *respectivamente*, *paralelamente*, entre outras. Por isso, não podemos negligenciar o valor argumentativo desses elementos.

Os articuladores textuais são, conforme observa Koch (2004, 2006c), multifuncionais; o que determina sua função é o contexto, fato responsável também pela avaliação da possibilidade ou não da escolha de um determinado elemento para servir como articulador textual com valor argumentativo.

Conforme já ressaltaram muitos autores, há uma grande diversidade de elementos de conexão com função argumentativa; eles constituem um dos elementos mais explorados no campo das marcas linguísticas de argumentação e, muitas vezes, compõem listas enormes apresentadas pelas gramáticas, conforme lembra Guimarães (2001). Nosso objetivo não foi dar conta dessa listagem toda, o que pode ser conseguido com uma boa consulta a gramáticas. Buscamos, neste capítulo, apenas apresentar alguns exemplos dos valores argumentativos que muitas vezes negligenciamos ao tratarmos desses elementos.

Ressaltamos ainda que, com frequência, a argumentação prescinde dos articuladores textuais. A própria organização das palavras no texto permite criar um conjunto que argumenta em favor de uma conclusão, como acontece, por exemplo, no conto a seguir. Nele, num primeiro momento, a sequência de ações argumenta a favor de *deixou-a um tanto nervosa, excitada.* Em seguida, outra sequência de ações conduz ao desfecho: *Vaga preenchida.*

EMPREGO

A possibilidade de conseguir aquele emprego deixou-a um tanto nervosa, excitada. Parou na porta da empresa e todo seu conhecimento pareceu ter desaparecido. **Arrumou a saia**, **mexeu nos cabelos**, **levantou o rosto**, **tentou expressar um ar de superioridade e confiança**. **Entrou no prédio**, **identificou-se para a recepcionista**, **retirou o currículo da pasta e subiu as escadas**, conforme lhe foi indicado. **Apertou o botão do elevador e desceu no 13º andar**. **Virou à direita**, **andou** tentando parecer calma pelo longo carpete verde, **parou** em frente à sala, **leu** o bilhete preso à porta: *Vaga preenchida!*

Hellmeister, M. A. "Emprego". In: Rossatto, E. (org.) *Expresso 600 61 Microcontos.* São Paulo: Andross, 2006, p. 51.

Vale observar o reforço ao nervosismo da personagem por meio de *tentando* parecer calma. O verbo *tentar* pressupõe que a personagem não consegue parecer calma. Notamos, assim, que a conclusão em favor da qual a primeira enumeração de ações argumenta se mantém até o fim do texto.

Advérbios modalizadores

A gramática normativa costuma definir o advérbio como sendo a palavra que modifica o sentido do verbo ou do adjetivo. Nessa definição, segundo Ilari et al. (1996), está implícita a ideia de que ele expressa uma avaliação de grau superior, isto é, assim como o verbo ou o adjetivo atribuem uma ação ou uma propriedade ao sujeito, o advérbio atribuiria uma propriedade da qualidade ou ação que se atribui ao sujeito. Outra propriedade do advérbio é a de determinar o grau de adesão do locutor ao conteúdo do enunciado, funcionando como modalizadores.

Antes de tratarmos dos advérbios modalizadores, cabe fazer uma distinção importante entre *modalidade* e *modalização*. A palavra *modalidade* é utilizada na lógica clássica para a classificação das proposições, avaliando um predicado, ou seja, o conteúdo de uma proposição em termos de possibilidade/impossibilidade; necessidade/contingência. Os enunciados se encaixam em três tipos de modalidades:

- **modalidade epistêmica** – diz respeito ao conhecimento e à crença e julga os predicados em termos de probabilidade/possibilidade e certeza;
- **modalidade deôntica** – diz respeito a dever/obrigação e permissão;
- **modalidade alética** – refere-se à necessidade.

A necessidade e a possibilidade diante de um estado de coisas são as duas noções fundamentais da lógica modal tradicional e é em relação a essas duas noções que os enunciados são analisados pela Semântica.

A *modalização*, na problemática da Enunciação, conforme traz o *Dictionnaire de Linguistique et des Sciences du Langage*, de Dubois et al. (1994), define a marca dada pelo sujeito a seu enunciado, ou seja, é o componente do processo de enunciação que permite avaliar o grau de adesão do locutor a seu enunciado. Também para Kerbrat-Orecchioni (1980, 1997), o termo *modalização* limita-se a palavras e construções que manifestam o grau de adesão (forte ou fraca/incerteza/rejeição) do sujeito de enunciação aos conteúdos enunciados. Temos, então, que o termo *modalização* refere-se à expressão da aproximação ou do distanciamento do locutor diante do conteúdo de seu enunciado, atestando seu grau de adesão a ele.

A *modalização* se manifesta por meios linguísticos e é por isso que ela interessa ao estudo da argumentação, ou seja, ao estudo das formas que a língua oferece para conferir força argumentativa a nossos enunciados/textos, afinal, manifestar o grau de adesão é argumentar.

Modalidade e *modalização* muitas vezes se confundem. O que as distingue, na realidade, é o ponto de vista teórico e os objetivos com os quais olhamos para os fatos da língua:

- a *modalidade*, conforme explicamos anteriormente, está ligada a uma visão da lógica formal;
- a *modalização* diz respeito à aplicação desses conceitos à enunciação e ao uso que fazemos deles em nossas interações.

Os advérbios constituem uma classe de palavras que têm também a propriedade de marcar o grau de adesão do locutor ao conteúdo do enunciado. Por isso, eles funcionam também como **modalizadores**.

Como explica Kerbrat-Orecchioni (1980, 1997), existem advérbios **modalizadores** que implicam um julgamento de verdade como *talvez, sem dúvida, certamente, verdadeiramente;* existem aqueles que implicam um julgamento de realidade como *realmente, efetivamente.*

Quando queremos expressar certeza, usamos, por exemplo, *sem dúvida*; se quisermos marcar que não estamos muito certos a respeito de algo, diremos *talvez*. A língua nos oferece muitas opções de expressões que cumprem a mesma função e têm força argumentativa como *quem sabe, pode ser* etc. A escolha entre uma ou outra depende do contexto e de nossas intenções. Podemos ainda incluir nessa classificação as expressões restritivas e apreciativas como *quase, só, somente.*

Com respeito à relação entre advérbio e argumentação, vale ressaltar que Koch (1997), ao tratar de operadores argumentativos, inclui muitos advérbios nessa classe, o que evidencia sua força argumentativa.

Charolles (1986), em uma análise sobre a gestão das orientações argumentativas na atividade de redação, ressalta a força argumentativa dos advérbios.

Os advérbios *já, ainda, às vezes* e elementos de conexão que vimos anteriormente, como *aliás, enquanto, pois*, entre outros, também marcam um posicionamento do locutor diante do enunciado e são muito úteis nas interações verbais, seja na linguagem oral, seja na escrita. Essas palavras e expressões, além de funcionarem como modalizadores, cumprem importante função na organização e articulação de um texto.

Para o estudo do emprego dos advérbios na argumentação, bastante útil é também a distinção que apresenta Perini (1996) entre **adjunto adverbial** e **adjunto oracional**.

1. O adjunto adverbial compõe um constituinte do verbo da oração e é a ele ligado.

2. O adjunto oracional recai sobre todo o enunciado, como no exemplo a seguir.

Vamos comparar dois enunciados para compreender os conceitos:

> O menino apreciava *curiosamente* a girafa que acariciava o topo da árvore; nunca tinha visto animal tão grande.
>
> *Curiosamente*, assim que ele chegou diante da jaula dos macacos, todos vieram a seu encontro.

No primeiro enunciado, o advérbio *curiosamente* constitui um modificador da ação expressa pelo verbo apreciar; no segundo, ao contrário, *curiosamente* recai sobre todo o enunciado, expressando uma atitude avaliativa do locutor diante do conteúdo expresso pelo enunciado como um todo.

O adjunto oracional não compõe constituinte com nenhum outro elemento da oração e, segundo Perini, pode apresentar-se em qualquer posição, encontrando-se, muitas vezes, intercalado ou topicalizado, marcado por vírgulas. Já o adjunto adverbial, por estar ligado ao verbo, não pode ocupar qualquer posição no enunciado.

O escopo do adjunto oracional recai sobre todo o enunciado, enquanto o adjunto adverbial tem efeito somente sobre o predicado, o que, necessariamente, implica efeitos diferenciados para o emprego de cada um desses tipos de expressões adverbiais.

O adjunto oracional tem ainda uma outra peculiaridade: em determinados contextos, ele expressa uma avaliação da própria enunciação, não do enunciado. Assim, por exemplo, tomando os três enunciados a seguir,

Francamente, a atitude de vocês aborreceu Maria.
Maria disse *francamente* que estava aborrecida com vocês.
Maria disse que estava francamente *aborrecida* com vocês.

no primeiro enunciado, *francamente* não expressa uma avaliação do locutor em relação ao aborrecimento de Maria, mas sobre a sua própria enunciação que ele qualifica de franca. No segundo enunciado, o advérbio recai sobre a ação expressa pelo verbo dizer, avaliando-a como franca. No terceiro exemplo, o advérbio modifica o adjetivo *aborrecida*, intensificando-o. Dizemos que, no primeiro exemplo, *francamente* é um modalizador de enunciação. O mesmo acontece no conto "A missa do galo", de Machado de Assis:

Koch (2004, 2006c) define esse tipo de modalizador como sendo um elemento metaenunciativo.

– Estes quadros estão ficando velhos. Já pedi a Chiquinho para comprar outros.
Chiquinho era o marido. Os quadros falavam do principal negócio deste homem. Um representava "Cleópatra"; não me recordo o assunto do outro, mas eram mulheres. Vulgares ambos; naquele tempo não me pareciam feios.
– São bonitos, disse eu.
– Bonitos são; mas estão manchados. E depois *francamente*, eu preferia duas imagens, duas santas. Estas são mais próprias para sala de rapaz ou de barbeiro.

Machado de Assis. *Contos*. 25. ed. São Paulo: Ática, 1998, p. 103.

O julgamento contido em *francamente* não recai sobre o verbo nem sobre nenhum outro elemento do predicado, nem sobre o conteúdo do enunciado em si, mas sobre a própria enunciação de dona Conceição. O advérbio *francamente*, quando recai sobre a enunciação, marca um posicionamento do locutor em relação à sua própria enunciação, que ele assume como verdadeira.

Neste capítulo, exploramos o valor argumentativo de algumas palavras, especialmente dos conectores e organizadores textuais. Vimos a importância dos modificadores e o conceito de classe e escala argumentativa, examinamos rapidamente alguns marcadores argumentativos. Observamos como os organizadores textuais funcionam argumentativamente e consideramos o caráter argumentativo dos marcadores temporais e dos modalizadores.

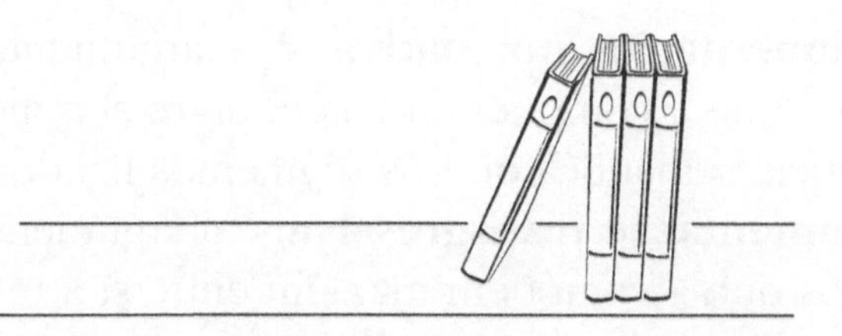

Um novo ponto de vista sobre a argumentação na língua: a Teoria dos Blocos Semânticos

Em prolongamento à Teoria da Argumentação na Língua (ADL), desenvolvida por Ducrot e Anscombre, que exploramos nos capítulos anteriores, Marion Carel propôs, em 1995, a **Teoria dos Blocos Semânticos** (TBS), que desenvolve atualmente com Ducrot.

> Na abordagem da Teoria dos Blocos Semânticos (TBS), a **argumentação** é definida como um encadeamento de dois segmentos de discurso, eventualmente ligados por um conector. Desse ponto de vista, a argumentação pode ser **normativa** ou **transgressiva**.

Argumentação normativa e transgressiva

Argumentação normativa: é a argumentação cujos segmentos que a compõem mantêm entre si a mesma interdependência semântica que os segmentos ligados por *logo*.

Argumentação transgressiva: é a argumentação cujos segmentos que a compõem mantêm entre si a mesma interdependência semântica que os segmentos ligados por *no entanto* (Carel, 2001; Ducrot, 2001).

São normativos os segmentos do tipo:

X *logo* Y	João é competente, *logo* conseguirá o emprego.
X *então* Y	João é competente, *então* conseguirá o emprego.
X *pois* Y	João conseguirá o emprego, *pois* é competente.

São transgressivos os segmentos do tipo:

X *no entanto* Y	João é competente, *no entanto* não conseguirá o emprego.
X *entretanto* Y	João é competente, *entretanto* não conseguirá o emprego.
embora X, Y	*Embora* João seja competente, não conseguirá o emprego.
mesmo que X, Y	*Mesmo que* João seja competente, não conseguirá o emprego.

A fim de reagrupar os encadeamentos que realizam a mesma relação, Carel (2001) classificou-os como pertencentes a um mesmo **aspecto**, assinalado como X LG Y, ou X NE Y, prudente LOGO NÃO acidente de acordo com a relação realizada, se ela é **normativa** ou **transgressiva** (Carel, 2001; Ducrot, 2001).

Optamos por utilizar as fórmulas X LG Y e X NE Y, correspondentes à tradução dos conectores *donc* e *pourtant* respectivamente, a fim de evitar confusão entre o conector *pourtant*, presente na fórmula original da TBS X PT Y, cujo sentido é *no entanto*, e o conector *portanto* em português que tem o sentido inverso de *pourtant*.

Segundo Carel (2001), a noção de "aspecto" diz respeito à relação que se estabelece entre X e Y. Em outras palavras, se tomarmos, por exemplo, o adjetivo *prudente*, diremos que a relação entre *prudente* e o nome *acidente* compreende **dois aspectos**, ligados à mesma **regra**, ou, como afirma Negroni (2001), dois aspectos de uma mesma maneira de ver as coisas. Utilizando os mesmos exemplos de Carel, podemos dizer que os dois *aspectos* possibilitam frases como:

Pedro é prudente logo ele não sofreu acidente.
[prudente LG NEG acidente]

Se Pedro foi prudente, ele não sofreu acidente.
[prudente LG NEG acidente]

Pedro é prudente, no entanto sofreu um acidente.
[prudente NE acidente]

Mesmo que Pedro seja prudente ele sofrerá acidentes.
[prudente NE acidente]

Vejamos os exemplos:

Pedro é prudente logo ele não sofreu acidente.
Se Pedro foi prudente, ele não sofreu acidente.

Eles constituem o aspecto

prudente LG NEG acidente ou prudente LOGO NÃO acidente.

Classificamos de normativos os discursos que são elementos desse aspecto.

Vejamos os exemplos:

Pedro é prudente, no entanto sofreu um acidente.
Mesmo que Pedro seja prudente ele sofrerá acidentes.

Eles constituem o aspecto

prudente NE acidente ou prudente NO ENTANTO acidente.

Chamamos de transgressivos os discursos que são elementos desse aspecto.

Ducrot (2001) esclarece que os aspectos normativos e transgressivos constituem as duas formas que podem assumir a **conexão** (CON) de dois segmentos num encadeamento argumentativo. Como fica evidenciado nos exemplos apresentados, encadeamentos materialmente diferentes podem realizar o mesmo aspecto; nesse sentido, o aspecto se define então por constituir um conjunto de encadeamentos de mesmo valor (normativo ou transgressivo).

É importante deixar claro também que o operador negativo NEG presente nas descrições anteriores não corresponde apenas à negação sintática de uma frase negativa, mas também a tudo o que Ducrot (1998) chama de **desrealizante inversor**, como, por exemplo, *pouco, raramente.* Como vimos no capítulo anterior, o **modificador desrealizante** confere uma força argumentativa inferior para a palavra a que ele se liga; o **modificador desrealizante inversor**, mais do que atenua, inverte a orientação argumentativa.

Assim, os encadeamentos a seguir

Pedro é prudente logo ele não sofreu acidente.
Se Pedro foi prudente, ele não sofreu acidente.

pertencem ao mesmo aspecto

prudente LG NEG acidente ou prudente LOGO NÃO acidente

que o enunciado que contém um modificador desrealizante:

Se Pedro for prudente, *raramente* ele sofrerá acidentes.

É que, para a Teoria dos Blocos Semânticos, os discursos **transgressivos** não são derivados dos discursos **normativos**; eles constituem um outro aspecto de uma mesma regra, ligando, nos exemplos apresentados, por exemplo, *prudência* e *acidente*, e fixando o sentido dessas palavras.

É preciso ressaltar que o sentido de prudência existente nos exemplos apresentados é o mesmo. Esse mesmo ponto de vista semântico que o aspecto normativo e o transgressivo têm sobre *prudente* constitui O BLOCO SEMÂNTICO. É esse **bloco** que aparece nas definições de *prudente* e, desse modo, estão prefigurados no significado dessa palavra tanto o aspecto transgressivo como o normativo.

Não se trata, entretanto, de uma noção absoluta em torno do sentido de *prudente*. Por isso é que, por exemplo, o sentido de *prudente* nos exemplos apresentados é diferente do sentido de *prudente* no seguinte enunciado:

> Pedro é prudente, logo Maria se entedia com ele.

Esse exemplo traz um outro ponto de vista em relação a *prudente*, não apenas ligado aos aspectos contidos nessa palavra, mas também ao contexto de uso, fato, infelizmente, não explorado por Ducrot e Carel. É preciso ter algum conhecimento a respeito de Pedro e de Maria para compreender a enunciação desse último exemplo.

Argumentação interna e externa

A Teoria dos Blocos Semânticos contempla ainda os conceitos de **argumentação interna** (AI) e **argumentação externa** (AE), ligados ao conceito de Bloco Semântico.

A argumentação interna de uma expressão linguística é aquela cujos aspectos não contêm essa expressão nem no interior de seu antecedente, nem no interior de seu consequente.

Tomando o mesmo exemplo do adjetivo *prudente*, sua argumentação interna será assim apresentada:

> Representamos o aspecto por meio de uma sentença que apresenta a sigla AI ou AE, seguida da palavra ou expressão em análise, dois pontos, e a representação do aspecto na forma de uma sentença sublinhada. Veja o exemplo de prudente. AI (prudente): perigo LG precaução.

AI (prudente): perigo LG precaução.
Lemos:
A argumentação interna de prudente corresponde a perigo LOGO precaução.

A expressão perigo LG precaução da argumentação interna de *prudente* tem como **antecedente** *perigo* e, como **consequente**, *precaução*. Nenhum desses dois elementos contém a palavra *prudente*.

Os termos *antecedente* e *consequente* dizem respeito à posição, em relação ao conector, em que se encontram respectivamente cada um dos elementos que compõem o aspecto.

A argumentação externa de uma expressão linguística compreende, ao contrário, os aspectos em que essa mesma expressão figura a título de **antecedente** ou de **consequente**.

A argumentação externa de prudente será assim expressa:

AE (prudente): prudente LG NEG acidente; prudente NE acidente.
Lemos:
A argumentação externa de prudente corresponde a prudente LOGO não acidente; prudente NO ENTANTO acidente.

A argumentação interna está inscrita no significado da palavra e os encadeamentos possíveis são internos à palavra em questão; a argumentação externa, por sua vez, contém encadeamentos que prolongam o significado da palavra. Ressaltamos, no entanto, que tanto a argumentação interna quanto a argumentação externa constituem um fenômeno geral; a palavra *prudente*, como explicado, tem uma argumentação interna e uma argumentação externa.

A Teoria da Argumentação na Língua (ADL), ao postular a noção de **encadeamento argumentativo** dedicou-se apenas à argumentação externa. Segundo Carel (2001), o argumento externo de uma palavra não é dedutível da argumentação interna; ele constitui um ponto de vista suplementar que devemos continuar a marcar diretamente no significado da palavra, uma vez que ele permite distinguir certas nuances entre palavras de sentido semelhante, como, por exemplo, *econômico* e *avaro*.

Do ponto de vista de sua argumentação interna (AI), essas duas palavras se ligam a um mesmo aspecto.

> Tanto a argumentação interna de econômico quanto a de avaro correspondem a
> caro LG NEG compra
> Lemos:
> caro, LOGO NÃO compra.

Econômico e avaro apresentam, entretanto, argumentação externa (AE) diferente, uma vez que econômico contém a AE econômico LG admirado, enquanto avaro contém a AE avaro LG NEG admirado.

Com efeito, enquanto consideramos positivo o fato de uma pessoa ser econômica, não vemos com bons olhos o avaro. Não podemos deixar de considerar, porém, o fator cultural envolvido na admiração pelo econômico e na rejeição do avaro.

Os quadros a seguir mostram como se organizam os blocos semânticos:

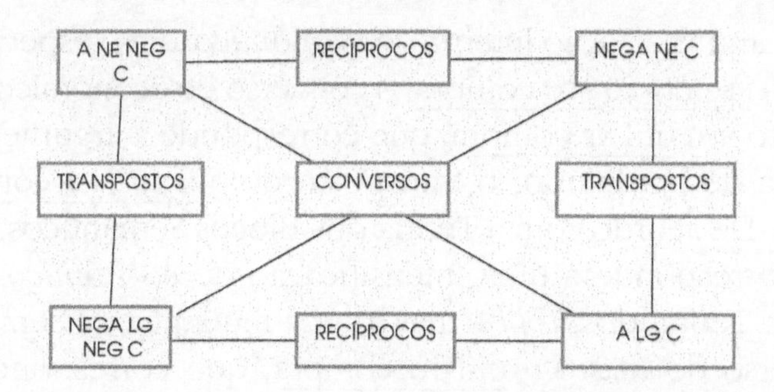

Explicitando os aspectos que compõem o Bloco Semântico, temos:

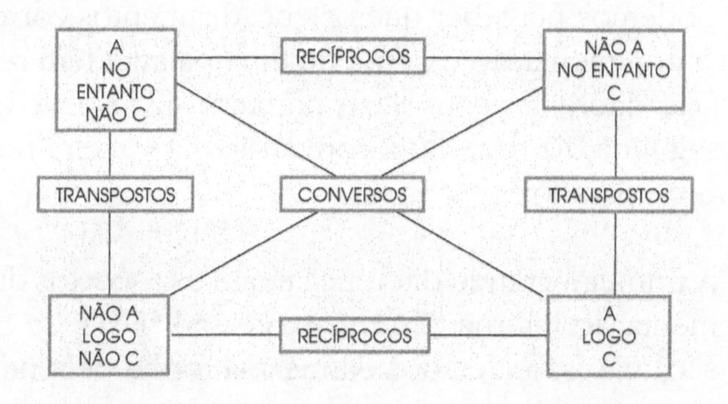

Inserindo o adjetivo *econômico*, por exemplo, no quadro anterior, temos:

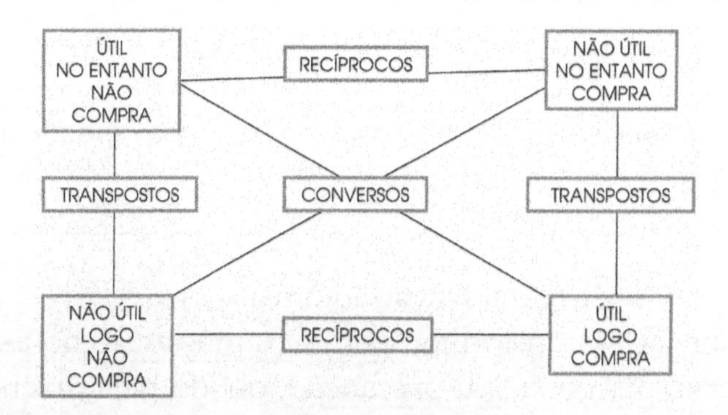

A argumentação interna de *econômico* tem o aspecto normativo NEG útil LG NEG compra; o converso de econômico tem o aspecto NEG útil NE compra, que corresponde à argumentação interna de perdulário; o transposto de útil LG NEG compra é *avaro*. De acordo com a Teoria dos Blocos Semânticos, *avaro* não corresponde a uma intensificação de *econômico*, como dizia a Teoria dos *Topoï*, mas a uma mudança de sentido. O converso de *avaro* é útil LG compra, que corresponderia a uma pessoa ponderada; o transposto de ponderado, por sua vez é NEG útil LG compra, ou seja, perdulário.

Pela exploração do bloco semântico de econômico e avaro, podemos perceber que os encadeamentos correspondentes à argumentação externa de uma palavra têm relações linguísticas diferentes com ela. A primeira diz respeito à negação, a segunda diz respeito à conversão e a terceira refere-se à noção de paradoxo.

1. A primeira grande diferença é que os aspectos da argumentação interna de uma expressão "E" (E de expressão) não são afetados da mesma forma pela negação.

Podemos explicar esse conceito tomando novamente o exemplo de *prudente* e sua negação, *imprudente*: imprudência se manifesta pelo encadeamento de perigo NE NEG precaução;

> AI (imprudente): perigo NE NEG precaução.
> Lemos:
> A argumentação interna de imprudente corresponde a perigo NO ENTANTO NÃO precaução.

Essa é sua argumentação interna.

A negação transformou perigo LG precaução no **aspecto converso** perigo NE NEG precaução, obtido pela inversão do conector LOGO pelo conector NO ENTANTO (LG → NE) e pela introdução da NEGAÇÃO (NEG).

De forma geral, dizemos que dois aspectos são conversos quando eles têm, respectivamente, a forma

X CON Y
Lemos X CONECTOR Y
E
X CON' NEG Y
Lemos X O OUTRO CONECTOR NEGAÇÃO Y

em que CON corresponde a LOGO ou NO ENTANTO, e CN' designa o outro conector.

> A negação transforma os aspectos internos em seus conversos.
> Se X CON Y pertence à argumentação interna de E, seu converso, X CON' NEG Y, pertence à argumentação interna de não-E.
> Veja anteriormente *prudente* (E) e *imprudente* (não-E).

Quanto à argumentação externa, é preciso considerar que ela abre possibilidades para os seguintes aspectos:

> Pedro é imprudente, logo ele sofrerá acidentes.
> (NEG prudente LG acidente)
> NÃO prudente LOGO acidente
>
> Pedro é imprudente, no entanto não sofre acidentes.
> (NEG prudente NE NEG acidente)
> NÃO prudente NO ENTANTO NÃO acidente

Há também uma **reciprocidade** entre o aspecto prudente NE acidente, contido em

 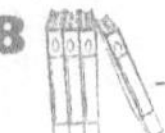

Pedro é prudente, no entanto sofreu um acidente.

e o aspecto NEG prudente NE NEG acidente contido em

Pedro é imprudente, no entanto não sofre acidentes.

Assim, podemos depreender que:

Se X CON Y pertence à argumentação externa de E, então seu **recíproco**, NEG X CON NEG Y, pertence à argumentação externa de não-E.

2. A segunda diferença entre argumentação interna e argumentação externa é parcialmente ligada à primeira e diz respeito à **conversão**.

Tomando X CON Y, um aspecto ligado a uma determinada expressão, se X CON Y pertence à argumentação externa de E, então seu converso, X CON' NEG Y, pertence à argumentação externa de E.

Por outro lado, se X CON Y pertence à argumentação interna de E, então seu converso, X CON' NEG Y, não pertence à argumentação interna de E.

Tomando os exemplos já apresentados anteriormente, podemos dizer que a argumentação externa de *prudente* contém tanto o aspecto normativo contido no encadeamento prudente LG NEG acidente de "Pedro é prudente, logo ele não sofreu acidente" como o seu converso, o aspecto transgressivo contido no encadeamento prudente NE acidente de "Pedro é prudente, no entanto sofreu um acidente".

Isso quer dizer que a argumentação externa de um termo é estável para a conversão: se ela contém um aspecto, contém também seu converso. Inversamente, a argumentação interna de uma palavra não contém o seu converso; o converso de perigo LG precaução não pertence à argumentação interna de *prudente,* mas à argumentação interna de *imprudente* (perigo LG NEG precaução).

Por outro lado, tomando X CON Y, um aspecto ligado a uma determinada expressão, seu transposto, NEG X CON' Y, não pertence à de argumentação interna de E. A transposição, diferente do que defendiam Anscombre e Ducrot na Teoria dos *Topoï*, não corresponde a uma gradação, por meio de uma atenuação ou intensificação no sentido, mas ocasiona uma mudança de sentido.

Existe ainda uma terceira diferença entre a argumentação interna e a argumentação externa; ela consiste na possibilidade de associarmos a um termo encadeamentos opostos a seu significado, o que, de acordo com Ducrot e Carel (1999), é um **paradoxo**.

Segundo Carel (2001), é nesse ponto que se encontra a questão teórica básica da Teoria dos Blocos Semânticos. A autora observa que o conceito de Bloco Semântico não diz respeito a um raciocínio ou a um encadeamento *argumento–conclusão*, isto é, a uma afirmação que conduza a uma conclusão, como postula, por exemplo, a Teoria da Argumentação na Língua (ADL) ou as teorias da argumentação em geral. O locutor realiza apenas uma asserção que contém o Bloco Semântico.

Para exemplificar, Carel (2001) utiliza o enunciado "Este hotel é bom, logo eu o aconselho a você". Segundo a estudiosa, há apenas a asserção de um conselho-devido-à-qualidade no enunciado

"Este hotel é bom, logo eu o aconselho a você."

É um Bloco Semântico.

Essa particularidade do Bloco Semântico permite a realização de frases paradoxais como

> Este hotel é bom, logo eu não o aconselho a você.

Para Ducrot (2001), dizer que um aspecto A do tipo X CN Y é paradoxal é dizer que a entidade X ou a entidade Y possuem, em sua argumentação externa, um aspecto antiético a A, como, por exemplo, X CON' Y, X CON NEG-Y ou NEG-X CON Y.

O exemplo de paradoxo apresentado por Ducrot (2001) é o do aspecto deve fazer LG NEG-fazer, em que o paradoxo encontra-se no fato de que *dever fazer* liga-se pela sua AE ao aspecto deve fazer LG fazer e deve fazer NE NEG-fazer.

Assim acontece, por exemplo, se dizemos:

> O médico disse que eu preciso fazer ginástica, logo eu não vou nem me matricular na academia.

As palavras paradoxais são aquelas cuja **argumentação interna** contém, ao menos, um aspecto paradoxal. Podemos citar como exemplo a palavra *preguiça,* cuja argumentação interna comporta, entre outros, o aspecto paradoxal deve fazer LG NEG-fazer. O indivíduo preguiçoso é aquele que não faz as coisas apesar de dever fazê-las. Ducrot (2001) cita como exemplo a palavra masoquista (sofrimento LG satisfação) e observa que podemos afirmar que as palavras paradoxais contêm em seu significado um aspecto que contraria a lógica.

Argumentação estrutural e contextual

Além do caráter interno ou externo da argumentação, é preciso considerar também a distinção *estrutural vs. contextual*. Os exemplos apresentados anteriormente dizem respeito ao que Ducrot chama de aspecto estrutural, que pode se manifestar de forma interna ou externa, mas está ligado ao significado linguístico da entidade.

Ducrot e Carel não desenvolvem a distinção *estrutural vs. contextual*, apenas mencionam a questão. Consideramos, entretanto, fundamental essa distinção, que deve ser aprofundada, sobretudo se visamos à aplicação da Teoria dos Blocos Semânticos na análise de textos, especialmente para apoiar nosso trabalho com a leitura e a escrita. Ressaltamos que a produção textual constitui o foco de nosso interesse; o contexto representa um elemento importante a ser levado em conta tanto no trabalho com a leitura quanto com a escrita.

Podemos observar o fator contextual na argumentação mais uma vez com o adjetivo *prudente* utilizado por Ducrot e Carel, como em:

> Pedro é prudente, logo Maria se entedia com ele.

Esse encadeamento pode ser descrito com o seguinte aspecto [prudente LG tédio] *prudente logo tédio*. Entretanto, não podemos ignorar que apenas o **contexto** permite essa relação contida no aspecto [prudente LG tédio], isto é, somente o recurso ao contexto nos permite associar *prudência* a *tédio*.

Podemos observar ainda a argumentação contextual no enunciado:

João teve a coragem de renunciar à perigosa escalada do Everest.

Esse encadeamento pode ser representado pelo aspecto

AI (*coragem*) perigo/risco LG faz.
Argumentação interna de coragem: perigo LOGO faz.

Essa é a argumentação interna estrutural de coragem: a pessoa corajosa é aquela que realiza ações perigosas, envolvendo risco. Segundo Carel (2001), esse exemplo traz um caso particular que permite o aspecto desejo NE NEG fazer. Carel não considera, entretanto, o contexto. Acreditamos que se trata de uma argumentação interna contextual (perigo/risco LG faz), em que o risco se encontra na renúncia de João. Admitir a renúncia pode representar para João uma desqualificação perante os seus pares, por exemplo, e correr esse risco pode ser, nesse caso, sinal de coragem.

Retomamos a notícia analisada no capítulo "A argumentação na língua" do ponto de vista da Teoria da Argumentação na Língua a fim de verificar como a Teoria dos Blocos Semânticos trata dos elementos destacados no texto.

SEM DINHEIRO, ZOO ETÍOPE MATA SEUS LEÕES RAROS

Da redação

O zoológico de Adis Abeba, capital da Etiópia, adotou uma solução *radical* para seu problema de falta de espaço e de dinheiro para manter seu estoque de raros leões-

da-abissínia: está envenenando vários deles e vendendo seus corpos a taxidermistas (empalhadores).
Os leões, famosos por sua juba escura, *são considerados o símbolo nacional etíope*, identificados como leão de Judá, *mas a carne para mantê-los custa US$ 4.000 por mês*.

Folha de S.Paulo, 24 nov. 2006.

Observamos, em primeiro lugar, os aspectos contidos na argumentação de **símbolo nacional**. A argumentação externa de símbolo nacional contém os seguintes aspectos:

Normativo: Símbolo nacional LOGO preservado.
Transgressivo: Símbolo nacional NO ENTANTO não preservado.

A argumentação interna de símbolo nacional contém o aspecto:

Normativo: Presença LOGO enaltece o país.

Em seguida, tomamos os aspectos contidos na argumentação de *custar U$ 4000 por mês = custar caro*. A argumentação externa contida em *custar caro* possui os seguintes aspectos:

Normativo: custar caro LOGO não preservado.
Transgressivo: custar caro NO ENTANTO preservado.

A argumentação interna de *custar caro* contém o aspecto:

Normativo: realização LOGO despesa elevada.

Se fizermos um cruzamento entre as argumentações internas de símbolo nacional e custar caro, podemos ter, na argumentação externa, os seguintes aspectos:

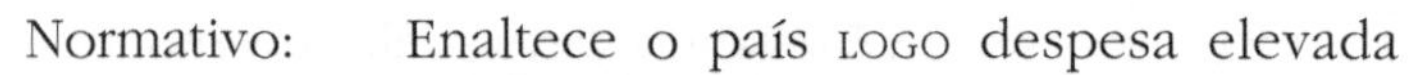

Normativo: Enaltece o país LOGO despesa elevada justificada.
Transgressivo: Enaltece o país NO ENTANTO não despesa elevada justificada.

Notamos que o que prevalece é o **aspecto transgressivo** contido na argumentação externa de *símbolo nacional*, associado ao **aspecto normativo** da argumentação externa de *custar caro*. Reforçando esse aspecto, há o aspecto também transgressivo do cruzamento entre as duas argumentações internas.

De acordo com os postulados da Teoria dos Blocos Semânticos, não se trata de um encadeamento do tipo argumento-conclusão, no qual prevalece a conclusão do segmento à direita de *mas*. A argumentação encontra-se no Bloco Semântico que contém o enunciado como um todo *não preservação de símbolo nacional devido à despesa elevada*.

Devemos considerar ainda que, de acordo com o jornalista, a decisão de não preservar os animais por conta do alto preço, foi uma *solução radical*. A argumentação externa de *radical* tem os seguintes aspectos:

Normativo: Situação grave LOGO solução radical.
Transgressivo: Situação grave NO ENTANTO não solução radical.

A argumentação interna de radical contém o seguinte aspecto:

Normativo: problema LOGO ação além do esperado.

Podemos afirmar, assim, que o aspecto normativo contido nas argumentações interna e externa de *solução radical* anuncia a continuidade argumentativa do texto. É esse aspecto que prevalece nas demais argumentações; o emprego de radical exige, na sequência do texto, uma ação que vá além do esperado, do convencional. O convencional expressar-se-ia pela prevalência do aspecto normativo nas: 1) Argumentação interna de símbolo nacional; 2) Argumentação externa de custar caro; 3) Argumentação interna do cruzamento entre caro e símbolo nacional. Para satisfazer a radical, prevalece o aspecto transgressivo, isto é, a argumentação externa transgressiva dos dois segmentos.

A Teoria dos Blocos Semânticos serve para definir as palavras do léxico; para os seus fundadores, descrever semanticamente uma palavra é indicar os aspectos que constituem, de maneira estrutural, sua argumentação interna e a externa, fazendo aparecer os encadeamentos argumentativos que a língua lhes associa ou, ainda, o seu potencial argumentativo. Nosso interesse na extensão desses conceitos é observar como eles acontecem em uso, ou seja, na orientação argumentativa dos textos que lemos e produzimos.

Um exemplo de aplicação da Teoria dos Blocos Semânticos na análise argumentativa de textos encontra-se no romance de Ariano Suassuna intitulado *A história de amor de Fernando e Isaura*, que constitui uma versão brasileira de *Tristão e Isolda*. Normalmente se afirma a respeito desse romance de que se trata da história de um amor proibido que conduz os amantes à morte. Cabral (2007) mostra, no entanto, por meio da análise dos blocos semânticos dos elementos que referem os protagonistas Fernando e Marcos e os sentimentos de ambos, um em relação ao outro respectivamente, que, ao contrário do afirmado, Fernando não morreu por amor a Isaura, mas pelo sentimento de gratidão que sente por Marcos:

> Moravam os dois muito sós, na grande casa de paredes conventuais que pertencia, há mais de três séculos, à família de Marcos: o rapaz órfão e pobre e o tio enviuvara cedo, sem filhos; por isso, afeiçoara-se ao sobrinho que viera pra sua companhia ainda menino, após a morte de sua irmã, Riva. De sua parte, Fernando era *grato* ao tio – um homem relativamente moço, de natureza *aberta* e *clara* a contrastar com a personalidade mais *ardente* e *escura* do sobrinho.
>
> SUASSUNA, A. *A história de amor de Fernando e Isaura*. Rio de Janeiro: José Olympio, 2006, p. 23.

A partir da análise dos blocos semânticos, Cabral (2007) explica que, no romance, a argumentação externa (gratidão) gratidão NE traição explica o fato de Fernando ter um relacionamento amoroso com a mulher do tio. Em outro momento da história, é o converso aspecto transgressivo da argumentação externa de gratidão que provoca remorso em Fernando e o faz devolver a mulher ao tio gratidão LG NEG traição. No fim do romance, é o aspecto normativo da argumentação interna de gratidão gratidão LG reconhecimento que impele Fernando a defender a imagem do tio quando este é ridicularizado por um personagem que o chama de corno. O aspecto normativo da argumentação interna contextual de corno corno LG desqualificado socialmente tem um valor depreciativo para imagem de Marcos; Fernando, grato ao tio, quer resguardar a imagem do tio e, ao tentar matar o ofensor, é ferido mortalmente.

Cabral (2009) também utiliza a TBS para explicar alguns empregos do articulador textual *portanto* por alunos universitários, unindo segmentos que não necessariamente mantêm entre si relação conclusiva ou consecutiva, conforme preveem as gramáticas. A partir da análise dos blocos semânticos, a autora verifica os aspectos contidos nesses predicados e explica desvios como o presente no exemplo a seguir:

> A decisão justa incluiria também a compensação pelos danos morais e despesas médicas. Portanto pede a autora que a decisão seja reformada, o que significará um ato de justiça.

Observando os aspectos contidos em cada um dos segmentos do encadeamento acima, temos

E1– AE (decisão justa): decisão justa LG compensação danos + despesas.
E2 – AE (justiça): reformar sentença LG justiça.

Cabral observa que os dois segmentos têm uma parte em comum e algo que cada um deles guarda de particular. Em comum têm o aspecto *justiça ligada a decisão.* É o conteúdo comum que permite a ligação entre os dois segmentos: Justiça ligada a decisão = decisão justa, cujo aspecto pode ser assim descrito: argumentação externa AE (justiça ligada a decisão/ decisão justa) NEG decisão justa LG reformar sentença.

Lembrando que a argumentação externa admite o converso, NEG decisão justa NE NEG reformar sentença, Cabral (2009) ressalta que essa construção seria considerada incoerente:

> **A decisão justa incluiria também a compensação pelos danos morais e despesas médicas. Portanto pede a autora que a decisão não seja reformada, o que significará um ato de justiça.*

Essa observação permite à autora afirmar que o emprego do articulador *portanto* exige coorientação dos aspectos articulados por ele, isto é, o segundo segmento do enunciado deve apresentar o mesmo aspecto que o primeiro.

Os exemplos apresentados acima permitem avaliar a aplicação da TBS na análise de textos. Acreditamos que ela também pode ser útil às práticas de ensino de leitura e escrita. O próximo capítulo traz algumas sugestões de aplicação dessa teoria para as práticas de leitura e escrita.

Poucos pesquisadores, além de Carel e Ducrot, dedicam-se ao estudo da TBS. Entre os estudiosos brasileiros dessa teoria, além de Cabral, destacamos a pesquisadora Leci Borges Barbisan, da Pontifícia Universidade Católica do Rio Grande do Sul, e Rosalice Pinto, pesquisadora brasileira que desenvolve seus estudos na Universidade Nova de Lisboa.

Neste capítulo, apresentamos a Teoria dos Blocos Semânticos postulada por Carel e Ducrot, procurando explicar os principais conceitos ligados a essa teoria.

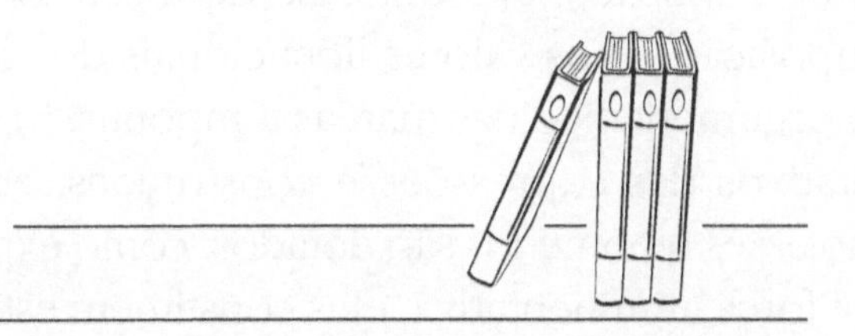

Contribuições para a prática de leitura e escrita

Embora a Teoria da Argumentação na Língua esteja voltada para o estudo teórico da argumentação na língua e não se preocupe com a produção textual em si nem tenha como objetivo mostrar as possibilidades que a língua oferece ao locutor para marcar argumentativamente os enunciados que produz, seus postulados nos fornecem elementos úteis para a produção textual, pois nos mostram possibilidades de escolhas linguísticas eficazes para conferir maior força argumentativa a nossos textos.

Por interessar-se por fatos linguísticos, seus estudos ofereceram fundamentos para muitas pesquisas que tratam das possibilidades de escolhas linguísticas do locutor como, por exemplo: 1) o valor de certas expressões em determinados contextos, incluindo-se o emprego dos conectores e seu valor argumentativo; 2) os implícitos, dos quais se destacam os elementos de pressuposição; 3) os valores ilocucionais dos enunciados; 4) o valor argumentativo das marcas temporais; 5) os aspectos argumentativos das expressões e construções, entre outros.

Como esses fenômenos são dotados, como explica Ducrot (1984), de força argumentativa, eles constituem estratégias linguísticas de argumentação e, por esse motivo, são importantes instrumentos para a produção de textos, uma vez que nossas escolhas linguísticas determinam a maior ou menor força argumentativa de nossos discursos. Este capítulo aborda as contribuições que a Teoria da Argumentação na Língua e seus desdobramentos podem oferecer à prática de leitura e escrita.

Em primeiro lugar, gostaríamos de ressaltar mais uma vez o ponto de vista do qual entendemos a argumentação. Dessa perspectiva não encaramos os textos como uma tipologia argumentativa; entendemos que há textos que têm maior concentração de marcas de argumentação e, por isso, são mais argumentativos. Assim sendo, concordamos com Amossy (2006), para quem toda palavra tem necessariamente algo de argumentativo e acreditamos na existência de graus de argumentatividade; aliás, essa é também a postura de Ducrot. Amossy (2006) postula os conceitos de *intenção argumentativa* e *dimensão argumentativa*, que consideramos adequados e úteis para a observação dos graus de argumentatividade de um texto. A utilização da linguagem, segundo a autora, comporta sempre uma dimensão argumentativa, mesmo quando não se trata de um projeto assumido como tal, ou que não haja estratégias perceptíveis de forma clara e imediata.

A *dimensão argumentativa* diz respeito à simples transmissão de um ponto de vista sobre as coisas não visando a modificar expressamente a posição dos interlocutores. A *intenção argumentativa*, por outro lado, refere-se ao desenvolvimento consciente de estratégias que visam à persuasão. Assim, por exemplo, textos como uma narrativa de ficção, uma reportagem, uma conversa entre médico e paciente têm uma dimensão argumentativa, enquanto os textos publicitários, os discursos de campanha política, uma petição judicial têm uma intenção argumentativa.

Em segundo lugar, consideramos importante destacar que a argumentação, assim como a entendemos, manifesta-se nos mais variados gêneros textuais. Os exemplos que apresentamos nos capítulos anteriores evidenciam esse fato. Foram mostrados no desenvolvimento dos quatro primeiros capítulos, exemplos de diversos gêneros textuais. Vimos a utilização de estratégias argumentativas até em bula de remédio.

Finalmente, antes de apresentarmos algumas sugestões para a exploração propriamente dita dessas estratégias, gostaríamos de observar que não esgotamos o tema. Ele é, ao contrário, inesgotável; muitos outros aspectos da argumentação do ponto de vista do uso da língua ainda ficaram sem ser explorados, o que, por um lado, nos dá a sensação de trabalho inacabado, mas, por outro, nos abre a possibilidade de continuar investigando.

Precisamos também ter claro que um texto, a cada leitura, nos mostra novos sentidos. Assim, não podemos afirmar que exploramos os textos apresentados neste livro em sua plenitude. Em cada exemplo, priorizamos um aspecto; temos, entretanto, consciência de que os textos contêm outros aspectos a serem explorados. Acreditamos ser essa a postura que o professor deve assumir ao trabalhar um texto com seus alunos: ter sempre claro que, a cada leitura, descobrimos novas pistas para a construção dos sentidos. Nossa atitude diante do texto deve ser, por conseguinte, a de curiosidade, de investigação.

Lyons (1990), citando Wittgenstein, afirma que o uso da linguagem é comparável a um jogo cujas regras devemos aprender jogando. Não se adquire o domínio de uma língua aprendendo em primeiro lugar um conjunto de regras prescritivas que regem o seu bom uso em todas as situações. Adquire-se o domínio de uma língua, participando de uma multiplicidade de "jogos" de linguagem diferentes, cada um inserido em um tipo de contexto específico e determinado por convenções sociais particulares.

É com uma postura semelhante a essa que pretendemos desenvolver algumas atividades neste capítulo: entendemos que precisamos expor nossos alunos a um variado leque de "jogos" de linguagem argumentativa, para que eles aprendam a reconhecer as estratégias argumentativas utilizadas nos textos que leem, e também a utilizá-las em seus próprios textos, de forma progressiva, controlada e conscientemente. A nosso ver, ensinamos Língua Portuguesa a nossos alunos para que eles possam fazer uso adequado desse instrumento de ação sobre o mundo, que é a língua, tornando-se leitores críticos e produtores eficientes. Desejamos dar-lhes possibilidades para que se tornem capazes, por um lado, de identificar as estratégias linguísticas passíveis de conferir forças argumentativas aos textos com os quais travam contato e, por outro, de dotar seus textos de força argumentativa compatível com suas intenções.

Como professores de Língua Portuguesa, devemos ter a preocupação de conscientizar nossos alunos de que o leitor não pode se permitir uma atitude ingênua; é preciso ser curioso, explorar o texto como um mapa que contém vários percursos possíveis para levar a um destino. É ainda importante mostrar-lhes a importância de um bom planejamento para a escrita de um texto; antes de nos lançarmos à escrita, precisamos ter claras as conclusões às quais desejamos conduzir nossos leitores e, a partir dessa clareza, escolher o caminho a seguir, selecionar as palavras, combiná-las, marcando o texto argumentativamente segundo a finalidade da escrita, o gênero do texto e nossas intenções para a produção.

Apresentaremos a seguir algumas sugestões de como explorar os conceitos teóricos abordados no livro. Ressaltamos, no entanto, que nossa intenção não é oferecer receitas prontas, modos de proceder, o que, acreditamos, deve ser desenvolvido por cada um em sua prática docente. Nossa intenção é apenas sugerir ideias e mostrar algumas contribuições das teorias para o ensino de leitura e de escrita. As propostas que oferecemos não estão desenvolvidas plenamente; elas apenas indicam caminhos possíveis. Caberá ao professor interessado em trabalhar estratégias linguísticas de argumentação desenvolver com seus alunos, a partir das ideias expostas, o planejamento efetivo.

O percurso que vamos construir para este capítulo é o inverso ao da organização do próprio livro. Iniciaremos pela exploração da Teoria dos Blocos Semânticos. Essa teoria recorre a uma série de siglas que tornam a sua compreensão mais difícil, pelo menos aparentemente. No entanto, a teoria é simples e pode ser muito útil, especialmente no que diz respeito à análise da orientação argumentativa das palavras e na própria escolha das palavras para a produção textual. Além disso, é possível explorá-la sem fazer uso direto das siglas, utilizando sentenças completas, centrando o foco da exploração nos aspectos, expressos por sentenças completas.

A Teoria dos Blocos Semânticos

A Teoria dos Blocos Semânticos, a nosso ver, não dá conta de todos os detalhes de um texto, até porque seria um trabalho desmedido tentar levantar os blocos semânticos de todas as palavras contidas nele. Assim sendo, quando procedemos às análises de um texto a partir da Teoria dos Blocos Semânticos, priorizamos algum aspecto, como a caracterização de um personagem tal como exemplificamos no capítulo "Um novo ponto de vista sobre a argumentação na língua".

Além disso, considerando que essa teoria entende que o bloco semântico faz parte da definição das palavras, ou seja, está prefigurado no significado da palavra, conforme explica Carel (2001), durante a análise, recorremos com frequência ao dicionário. Desse modo, consideramos que essa é uma teoria que nos permite explorar o dicionário como ferramenta útil para o produtor de um texto, tanto para a compreensão do valor argumentativo das palavras na leitura, como para a escolha das palavras, de acordo com as intenções do produtor durante a escrita.

A partir da pequena narrativa que apresentamos a seguir, vamos observar algumas pistas e verificar como a Teoria dos Blocos Semânticos trata delas. Vamos também procurar estabelecer relação entre os elementos que a TBS nos permite analisar e outros conceitos trabalhados no livro.

Fora dos planos

E viveram felizes para sempre, que *durou até* um pequeno *imprevisto*.
O *imprevisto* era alto, loiro, de olhos azuis, tinha um papo mais divertido e tirava notas melhores do que ele.

MARQUES, Miguel Nakajima. Fora dos planos. In: ROSSATTO, Edson (org.). *Contos ao mar*: antologia de contos e microcontos. São Paulo: Andross, 2006.

O texto inicia apresentando a fórmula de fechamento dos contos de fada: *E viveram felizes para sempre* e apresenta, em seguida, um novo desfecho fundamentado na argumentação externa de *para sempre*: para sempre LG durar para sempre. O converso de para sempre será: para sempre NE NEG durar para sempre. A argumentação externa de *para sempre* permite que a magia dos contos de fada se quebre. *Para sempre* tem como argumentação interna: possibilidade de mudança LG NEG mudança. A argumentação interna de imprevisto é NEG esperado NE acontecer. Se estabelecermos um cruzamento entre a argumentação interna de *imprevisto* e a argumentação externa de *para sempre*, notaremos que o acontecimento inesperado de imprevisto corresponde ao converso de *para sempre*, ou seja, a *mudança*. Mudança é um *acontecimento inesperado* em relação a *para sempre*. Notamos, assim, que é a escolha da palavra *imprevisto* que permite a mudança na orientação argumentativa do texto, o que confere a *imprevisto* um valor central na narrativa.

Assim, são dados importantes a serem explorados na leitura do texto: a fórmula *viveram felizes para sempre* e a intertextualidade com os contos de fada, em que, essa fórmula, ao contrário do que acontece no miniconto, encerra a história e nada mais se modifica nela; a ideia de permanência contida na fórmula; a expressão *durou até*, que sinaliza para o leitor que haverá uma mudança na narrativa; a palavra *imprevisto*, e seu significado, pois é a partir dela que compreendemos o restante da narrativa, e, finalmente, a enumeração de diversas qualidades para imprevisto.

Cumpre notar ainda a gradação nas expressões que caracterizam o *imprevisto*: alto, loiro, de olhos azuis, tinha um papo mais divertido e tirava notas melhores do que ele. O conjunto *alto, loiro, de olhos azuis* equivale a *bonito*, pois corresponde a um padrão de beleza ao qual o locutor do texto adere. Nesse sentido, podemos afirmar que o locutor utiliza esse conjunto como um *tópos* que argumenta a favor da concretização da mudança provocada pelo imprevisto.

Quando solicitamos aos nossos alunos que elaborem narrativas, sempre nos preocupamos com a caracterização dos personagens. A Teoria dos Blocos Semânticos, aliada à utilização do dicionário, pode ser bastante útil para a composição de personagens. A partir dessa perspectiva teórica, podemos verificar, por exemplo, se a caracterização não contém nenhuma contradição ou se as ações que serão tomadas pelos personagens não contradizem a orientação argumentativa contida na caracterização dos personagens, caso em que o produtor do texto deve marcar essa contradição para sinalizar ao leitor que ela é intencional.

Os articuladores e organizadores textuais com valor argumentativo

Com relação aos elementos que estabelecem a conexão entre as partes do texto – cuja ausência nos textos dos alunos constitui uma queixa constante dos professores –, é importante mostrar que eles cumprem uma função mais ampla do que simplesmente garantir a coesão de um texto; eles podem indicar também uma orientação argumentativa, importante dado na construção dos sentidos de um texto.

Queremos, sem dúvida, que nossos alunos se tornem usuários ativos dessas importantes palavras e expressões em seus textos. A narrativa a seguir nos permite explorar, por exemplo, os organizadores temporais, procurando mostrar como eles estabelecem também a orientação argumentativa do texto, indicando uma mudança na direção da história:

A rã que queria ser uma rã autêntica

Era uma vez uma rã que queria ser uma rã autêntica, e *todos os dias* se esforçava para isso.
No começo, ela comprou um espelho onde se olhava longamente procurando sua almejada autenticidade.
Algumas vezes parecia encontrá-la e *outras* não, de acordo com o humor desse dia e da hora, *até que* se cansou disso e guardou o espelho no baú.
Finalmente, ela pensou que a única maneira de conhecer seu próprio valor estava na opinião das pessoas, e *começou a* se pentear e a se vestir e a se despir (*quando não lhe restava nenhum outro recurso*) para saber se os outros a aprovavam e reconheciam que era uma rã autêntica.
Um dia observou que o que mais admiravam nela era seu corpo, especialmente suas pernas, *de forma que* se dedicou a fazer exercícios e a pular *para ter ancas cada vez melhores*, e sentia que todos a aplaudiam.
E assim *continuava* fazendo esforços *até que*, disposta a qualquer coisa para conseguir que a considerassem uma rã autêntica, deixava que lhe arrancassem as ancas, e os outros as comiam, e ela **ainda** chegava a ouvir com amargura quando diziam: que ótima rã, **até** parece frango.

MONTEROSO, Augusto. *16 contos latino-americanos*. São Paulo: Ática, 1992.

A partir da vontade da rã que *queria ser uma rã autêntica*, a sucessão temporal da narrativa revela ao leitor seu desenvolvimento, o desfecho e sua orientação argumentativa. Vejamos como os fatos se organizam, como a organização temporal dos fatos está marcada no texto e como essa organização nos conduz à conclusão defendida pelo locutor:

Todos os dias – se esforçava.
No começo – comprou um espelho → *Algumas vezes* – parecia encontrá-la; *outras* não; *até que* se cansou – guardou o espelho.
Finalmente – opinião das pessoas → *começou a* se pentear; se vestir; se despir.
Um dia – opinião das pessoas: suas pernas – fazer exercícios; pular – todos a aplaudiam (ancas cada vez melhores).

Continuava fazendo esforços.
Até que – opinião das pessoas: disposta a qualquer coisa → lhe arrancassem as ancas → *até* parece frango.

O texto encadeia *todos os dias, no começo, algumas vezes, outras* indicando ações diferentes até *finalmente*; a partir de *finalmente* estabiliza-se o parâmetro de julgamento da rã: a opinião das pessoas. Todas as ações da rã a partir de então são no sentido de atender à opinião das pessoas para que a considerem uma rã autêntica. As ações mudam: primeiro ela vai se pentear e se vestir, *um dia* ela passa a fazer ginástica, mas sempre visando o mesmo alvo: a opinião das pessoas. Uma nova quebra se insere com *até que. Até que* marca para o leitor uma mudança, indicando que as ações anteriores se saturaram e a mudança se opera. E a atitude da rã é mais violenta: arrancar as pernas.

A frase final expressando a opinião das pessoas – "que ótima rã, *até* parece frango" – anula toda a busca da rã. Essa anulação é, sobretudo, enfatizada pelo conector argumentativo até, responsável por introduzir o argumento mais forte. O argumento mais forte para que a rã seja avaliada como *ótima* pelas pessoas é *parece frango.* Se parece frango, não é autêntica, porque o que é autêntico não se parece com outra coisa, mas consigo mesmo. Daí a amargura da rã que, depois de todo o percurso de comprar espelho, olhar no espelho, guardar o espelho, fazer exercícios, pular e deixar que lhe arranquem as ancas, não consegue o que queria: ser reconhecida como uma rã autêntica.

O encadeamento temporal do texto conduz, portanto, à conclusão: não adianta fazer de tudo apenas para ter o reconhecimento das pessoas, isto é, não é válido pautar-se na opinião dos outros.

É importante conscientizar nossos alunos de que a argumentação depende, em grande medida, da organização do texto; da ordenação dos itens que selecionamos como argumentos, o que exige do produtor um planejamento, que: 1) inicia-se pela escolha dos argumentos que servem para determinada conclusão; 2) desenvolve-se, em seguida, pela escolha das palavras argumentativamente mais representativas, para reforçar ou atenuar os argumentos, conforme a intenção do locutor, pela escolha dos elementos que vão estabelecer as conexões entre os argumentos, marcando, por exemplo, a hierarquia entre eles numa escala, ou a sua equivalência numa classe argumentativa; 3) culmina com a redação do texto; 4) terminando por uma boa revisão, conferindo se os argumentos apoiam adequadamente a conclusão, se as palavras escolhidas estão suficientemente fortes, se a organização do texto desperta o interesse do leitor, sinalizando para ele o percurso para a conclusão desejada.

Apresentamos aqui uma sugestão de percurso para a produção de um texto.

1. Qual é a conclusão a que nos conduz o seguinte provérbio?
   Em casa de ferreiro o espeto é de pau.
2. Escolha quatro argumentos a favor dessa conclusão ou contra ela.
3. Ordene os argumentos que você escolheu pela ordem – do argumento mais fraco para o argumento mais forte.

4. Escolha palavras para estabelecer a ligação entre esses argumentos que marquem a hierarquia que você estabeleceu para eles.
5. Escolha alguns adjetivos para qualificar positivamente seus argumentos e advérbios para reforçar os adjetivos.
6. Escreva uma primeira versão do texto.
7. Peça a um colega para ler o seu texto, questionando se ele está convincente. Solicite a ele sugestões de mudanças.
8. Redija a versão final do texto.

Nossos alunos tendem a acreditar que apenas os textos explicitamente argumentativos, ou aqueles classificados tradicionalmente como tal, trazem marcas de argumentação. Por isso, é importante trabalhar com eles diversos tipos de textos, mesmo aqueles que não são assumidamente argumentativos, como, por exemplo, os textos com fins informativos. Apenas a título de exemplificação, destacamos no texto a seguir, retirado da seção de ciência do jornal *Folha de S.Paulo*, elementos linguísticos com função intensificadora ou atenuadora, conferindo uma dimensão argumentativa ao texto.

Macaco-prego entende valor do dinheiro

Mesmo separado do homem por 35 milhões de anos de evolução biológica, o macaco-prego demonstrou em experimentos na Itália possuir uma capacidade *demasiado* humana: o bicho entendeu o valor simbólico do "dinheiro". Foi a primeira *evidência clara* de que macacos também conseguem raciocinar com símbolos.

A equipe de cinco pesquisadores da Itália e dos EUA testou cinco desses pequenos macacos brasileiros com opções de comida e de objetos usados para simbolizá-la, que serviam como uma espécie de "dinheiro" que os animais podiam trocar por um lanche.

[...]
O aprendizado de símbolos já foi observado antes em experimentos com chimpanzés, "parentes" mais próximos do ser humano. Mas que isso fosse possível com animais *bem mais* distantes evolutivamente, como o macaco-prego (nome científico *Cebus apella*), foi a *grande surpresa* agora. Cinco macacos foram testados em gaiolas nas quais tinham a possibilidade de puxar uma entre duas gavetas com comida ou com o "dinheiro" – objetos não comestíveis, como fichas de pôquer, que as representassem.
Os macacos já tinham previamente aprendido a trocar o "dinheiro" por comida; agora o objetivo era testar se isso derivava de um *mero* condicionamento ou se de fato raciocinavam usando o objeto como símbolo da comida.

Bonalume Neto, Ricardo. Folha online Ciência e Saúde. Disponível em: <http://www.folha.uol.com.br>. Acesso em: 13 jun. 2008.

Demasiado, *bem* e *mais* são advérbios que cumprem uma função intensificadora, são modificadores realizantes. *Grande* é um adjetivo que reforça *surpresa*, funcionando como um modificador realizante em relação a *surpresa*. *Mero* é um adjetivo que funciona como um atenuador para *condicionamento*, é um modificador desrealizante atenuador.

Quando propomos a leitura de um texto a nossos alunos, ou quando lemos com eles, precisamos ficar atentos a essas marcas e chamar a atenção deles, mostrando como elas conferem forças aos textos, mesmo que eles não tenham uma intenção predominantemente argumentativa.

Os elementos de pressuposição

Com relação ao uso dos verbos que apresentam conteúdos pressupostos, ressaltamos sua importância, sobretudo na elaboração de narrativas, possibilitando não apenas a expressão de uma avaliação do locutor, mas também a progressão da história.

Mesmo com a baleia a uma distância tão pequena do Essex, Chase não a encarou como uma ameaça. "Seu aspecto e sua atitude não nos inspiravam, a princípio, nenhum temor", escreveu ele. Mas de repente a baleia *começou* a se mover. Sua cauda de seis metros de largura sacudiu para cima e para baixo. Devagar, no início, com um ligeiro meneio de um lado para o outro, ela *ganhou* velocidade até que a água se agitou em torno da sua cabeça maciça, em forma de barril. Estava apontada para a face bombordo do Essex. Em um instante, a baleia estava a apenas uns poucos metros – "vinha direto contra nós", recordou Chase, "com grande velocidade".

PHILBRICK, Nathaniel. *No coração do mar*. São Paulo: Companhia das Letras, 2000.

Nesse pequeno excerto, os verbos de pressuposição *começar a* e *ganhar*, expressando dois fatos que não aconteciam anteriormente, mostram a alteração da baleia, inicialmente um animal aparentemente calmo, que, de um momento a outro, se transforma na ameaça que ataca o barco. Vale observar ainda os organizadores temporais que, indicando a progressão dos fatos, também reforçam os conteúdos pressupostos.

Apenas a título de exemplificação, apresentamos uma lista de verbos que trazem conteúdos pressupostos. Sugerimos propor a construção coletiva com a classe de um banco de dados desse tipo de verbo para uso na produção textual.

Depois de construída essa lista na lousa, com a colaboração da turma toda, ela pode ser copiada por todos em um caderno no qual sejam anotados conteúdos úteis para a produção escrita e que possam ser consultados sempre que forem escrever um texto; ela pode ainda ficar afixada em um mural da sala para uso coletivo ou ser enviada por e-mail para os alunos.

saber, informar, confessar, mostrar, demonstrar, comprovar, mentir, tentar, continuar a, começar a, parar de, parecer, voltar ...

A lista pode, por exemplo, ser dividida em dois ou mais grupos, de acordo com o tipo de conteúdo pressuposto. Além disso, sempre que surgir, durante uma leitura, um novo verbo que possua conteúdo pressuposto, ela pode ganhar novos verbos, sendo constantemente ampliada.

Finalmente, gostaríamos de lembrar que as considerações e sugestões apresentadas neste capítulo não esgotam o tema. Nossa intenção foi apenas apresentar algumas contribuições que a Teoria da Argumentação na Língua e seus desdobramentos podem oferecer para a leitura e a escrita, procurando sensibilizar o leitor a explorar com seus alunos as estratégias linguísticas aqui apontadas.

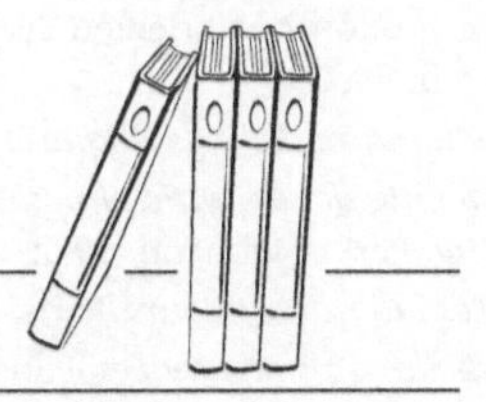

Bibliografia

Amossy, R. *L'argumentation dans le discours*. Paris: Armand Colin, 2006.

Anscombre, J-C. ; Ducrot, O. *L'argumentation dans la langue*. Liège: Mardaga, 1997.

Austin, J. L. *How to do Things with Words*. New York: Oxford University Press, 1962, 1970.

Bakhtin, M. *Marxismo e filosofia da linguagem*. São Paulo: Hucitec, 2002.

Bechara, E. *Moderna Gramática Portuguesa*. Ed. rev. e ampl. Rio de Janeiro: Lucerna, 1999.

_______. *Moderna gramática do português*. São Paulo: Companhia Editora Nacional, 1978.

Benveniste, E. *Problèmes de linguistique générale*. Paris: Gallimard, 1966.

_______. *Problèmes de linguistique générale, 2*. Paris: Gallimard, 1974.

Brait, B. O processo internacional. In: Preti, D. (org.). *Análise de textos orais*. São Paulo: Humanitas, 1997.

Cabral, A. L. T. A história do amor de Fernando e Isaura: a direção argumentativa evidenciada pelos blocos semânticos. In: Micheletti, G. *Discurso e memória em Ariano Suassuna*. São Paulo: Paulistana, 2007.

_______. L'emploi de *portanto* (*donc*) dans des textes écrits en portugais du Brésil In: Atayan, Vahram; Pirazzini, Daniela (éds.). *Argumentation: théorie – langue – discours. Actes de la section Argumentation du XXX. Congrès des Romanistes Allemands, Vienne, septembre 2007*. Peter Lang Verlag, 2009.

Carel, M. Argumentation interne et argumentation externe au lexique: des propriétés différentes. *Langages, 142 (Les discours intérieurs au lexique,* sob a direção de A. H. Ibrahim, Paris: Larousse, pp. 10-21, 2001.

______ (org.). *Les facettes du dire hommage à Oswald Ducrot*. Paris: Kimé, 2002.

______; Ducrot, O. Le problème du paradoxe dans une sémantique argumentative. *Langue Française 123 Sémantique du stéréotype*, sob a direção de O. Galatanu e J. M. Gouvard, Paris: Larousse, pp. 6-26, 1999.

Charolles, M. La gestion des orientetions argumentatives dans une activité rédactionelle. *Pratiques*, n. 49, 1986.

Dubois et al. *Dictionaire de linguistique et des sciences du langage*. Paris: Larousse, 1994.

Ducrot, O. *Princípios de semântica linguística*. São Paulo: Cultrix, 1977 (do original *Dire et ne pas dire*. Paris: Hermann, 1972.

______ et al. *Les mots du discours*. Paris: Minuit, 1980a.

______. *Les echelles argumentatives*. Paris: Minuit, 1980b.

______. *Provar e dizer*: linguagem e lógica. São Paulo: Global, 1981.

______. *O dizer e o dito*. Campinas: Pontes, 1987.

______. Les topï dans la théorie de l'rgumentation dans la langue. In: Platin, C. (ed.). *lieux communs, topoï, stéréotypes*. Paris: Kimé, 1994, pp. 233-48.

______. *Topoï* e formes topiques. In: Anscombre, J-C. (ed.) *Théorie des topoï*. Paris: Kimé 1995, pp. 85-100.

______. Les modificateur dérálisants. *Journal of Pragmatics*, v. 24-1-2, 1998, pp. 145-65.

______. Critères Argumentatifs et Analyse Lexicale. *Langages – Les discours intérieurs au lexique*, n. 142, sob a direção de A. H. Ibrahim. Paris: Larousse, 2001, pp. 22-40.

______. Argumentation rhétorique et argumentation linguistique. In: Doury, M.; Moirand, S. (org.). *L'argumentation aujourd'hui positions théoriques en confrontation*. Paris: Sorbonne Nouvelle, 2005.

______; Carel, M. Les propriétés linguistiques du paradoxe: paradoxe et négation. *Langue Française – Sémantique du stéréotype*, n. 123, sob a direção de O. Galatanu e J. M. Gouvard, Paris: Larousse. 1999, pp. 27-40.

Fávero, L. L. *Coesão e coerência textuais*. Ed. ver. e atual. São Paulo: Ática, 2006.

Goffman, E. *Forms of Talk*. Philadelphia: University of Pensylvania Press, 1981.

Guimarães, E. *Texto e argumentação um estudo de conjunções do português*. 2. ed. Campinas: Pontes. (2001).

Grice, P. Logic and conversation. In: Cole, P.; Morgan J. L. (eds.). *Syntax and semantics*, New York: Academic Press, 1975, v. 3.

Henry, P. *A ferramenta imperfeita*: língua, sujeito e discurso. Campinas: Editora da Unicamp, 1992.

Houaiss, A.; Salles, M. *Dicionário Houaiss da Língua Portuguesa*. Rio de Janeiro: Objetiva, 2001.

Ilari. R. et al. Considerações sobre a posição dos advérbios. In: Castilho, A. T. de (org.). *Gramática do português falado*. Campinas: Editora da Unicamp, 1996, v. 1 – A ordem, pp. 63-141.

Kerbrat-Orecchioni, C. *L'implicite*. Paris: Armand Colin, 1986.

______. *L'énonciation*. Paris: Armand Colin, 1980, 1997.

______. *Les interactions verbales 1*. Paris: Armand Colin, 1990, 1998.

______; *Os atos de linguagem no discurso*. Niterói: Eduf, 2005.

Koch, I. G. V. *Argumentação e linguagem*. São Paulo: Cortez, 2006a.

______. *A coesão textual*. São Paulo: Contexto, 1996.

______. *A inter-ação pela linguagem*. São Paulo: Contexto, 1997, 2006b.

______. *Introdução à linguística textual*. São Paulo: Martins Fontes, 2004, 2006c.

LEVINSON, S. C. *Pragmatics*. Cambridge: Cambridge University Press, 1983, 1997.

LYONS, J. *Sémantique Linguistique*. Paris: Larousse, 1990.

MAINGUENEAU, D. *Pragmática para o discurso literário*. São Paulo: Martins Fontes, 1996.

MATEUS, M. H. M. et al. *Gramática da língua portuguesa*. 4. ed. Lisboa: Caminho, 1994.

MOESCHLER, J. ; REBOUL. A. *Dictionnaire encyclopédique de Pragmatique*. Paris: Seuil, 1994.

NEGRONI, M. M. G. Les conecteurs espagnols ENCIM/ADEMÁS: argumentation transgressive et argumentation normative. *Langages – Les discours intérieurs au lexique*, n. 142, sob a direção de A. H. Ibrahim. Paris: Larousse, 2001, pp. 41-56.

NEVES, M. H. de M. *Gramática de usos do português*. São Paulo: Editora da Unesp, 2000.

PERINI, M. A. *Gramática descritiva do português*. São Paulo: Ática, 1996.

PLANTIN, C. *L'Argumentation*. Paris: Seuil, 1996.

ROBRIEUX, J. *Éléments de Rhétorique e d'argumentation*. Paris: Dunod, 1993.

SEARLE, J. R. *Os actos de fala*. Coimbra: Almeidina, 1981.

TODOROV, T. Problèmes de l'énonciation. *Langages*, n. 17. Paris: Didier-Larousse, 1970.

TRAVAGLIA, L. C. *Gramática e interação*: uma proposta para o ensino de gramática no 1º e 2º graus. São Paulo: Cortez, 1996.

VILELA, M. *Gramática da língua portuguesa*. 2. ed. Coimbra: Almedina, 1999.

_______; KOCH, I. V. *Gramática da língua portuguesa*. Coimbra: Almedina, 2001.

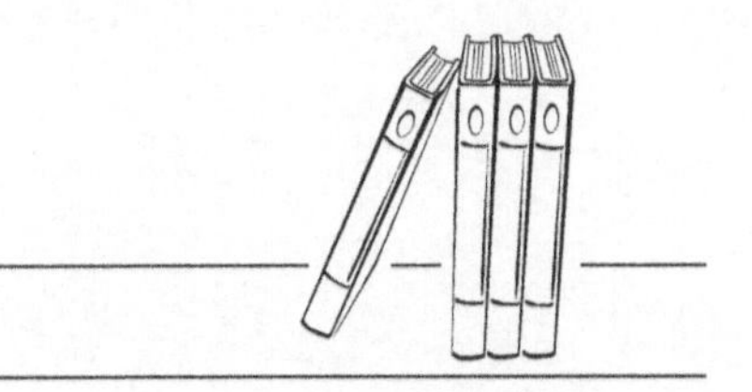

A autora

Ana Lúcia Tinoco Cabral possui graduação, mestrado e doutorado em Língua Portuguesa pela PUC-SP. Realizou pesquisa em nível de pós-doutoramento na EHESS (École des Hautes Études en Sciences Sociales), com orientação de Oswald Ducrot, *Contribuições da Teoria da Argumentação na Língua* para as práticas de produção textual. Atualmente é pesquisadora colaboradora da PUC-SP; pesquisadora colaboradora da USP e pesquisadora e professora do Mestrado em Linguística da UNICSUL. Também é colaboradora de diversas instituições voltadas ao ensino.